星栞 HOSHIORI

2024年の星占い

・天秤座・

石井ゆかり

# 天秤座のあなたへ
## 2024年のテーマ・モチーフ
## 解説

......................................................

### モチーフ：靴下

......................................................

　2024年、天秤座の人々は様々なギフトを受け取ることになります。特に前半は、ずっとサンタクロースを待つ靴下のようなものを胸に用意しておきたいところです。昨今の子供たちはサンタさんに手紙を書き、欲しいものを指定するケースが多いと聞きますが、本来「ギフト」は、あれこれ指定などできないものです。自分では決して選べないものと「出会う」ことが、ギフトの本質なのではないかと思います。2024年のあなたは、自分の頭では決して選び取れない素晴らしいものに出会えるはずです。

# はじめに

　こんにちは、石井ゆかりです。

　2020年頃からの激動の時代を生きてきて、今、私たちは不思議な状況に置かれているように思われます。というのも、危機感や恐怖感に「慣れてしまった」のではないかと思うのです。人間はおよそどんなことにも慣れてしまいます。ずっと同じ緊張感に晒されれば、耐えられず心身が折れてしまうからです。「慣れ」は、人間が厳しい自然を生き延びるための、最強の戦略なのかもしれませんが、その一方で、最大の弱点とも言えるのではないか、という気がします。どんなに傷つけられ、ないがしろにされても、「闘って傷つくよりは、このままじっとしているほうがよい」と考えてしまうために、幸福を願うことさえできないでいる人が、とてもたくさんいるからです。

　2024年は冥王星という星が、山羊座から水瓶座への移動を完了する時間です。この水瓶座の支配星・天王星は「所有・物質的豊かさ・美・欲」を象徴する牡牛座に位置し、年単位の流れを司る木星と並んでいます。

冥王星は深く巨大な欲、社会を動かす大きな力を象徴する星で、欲望や衝動、支配力と関連づけられています。すなわち、2024年は「欲望が動く年」と言えるのではないかと思うのです。人間の最も大きな欲望は「今より落ちぶれたくない」という欲なのだそうです。本当かどうかわかりませんが、この「欲」が最強である限り、前述のような「慣れ」の世界に閉じこもり続ける選択も仕方がないのかもしれません。

　でも、人間には他にも、様々な欲があります。より美しいものを生み出したいという欲、愛し愛されたいという欲、愛する者を満たしたいという欲、後世により良いものを残したいという欲。「欲」が自分個人の手の中、自分一人の人生を超えてゆくほど大きくなれば、それは「善」と呼ばれるものに近づきます。水瓶座の冥王星は、どこまでもスケールの大きな「欲」を象徴します。世界全体にゆき渡る「欲」を、多くの人が抱き始める年です。

《注釈》

◆ 12星座占いの星座の区分け（「3/21〜4/20」など）は、生まれた年によって、境目が異なります。正確な境目が知りたい方は、P.124〜125の「太陽星座早見表」をご覧下さい。または、下記の各モバイルコンテンツで計算することができます。
インターネットで無料で調べることのできるサイトもたくさんありますので、「太陽星座」などのキーワードで検索してみて下さい。

モバイルサイト【石井ゆかりの星読み】（一部有料）
https://star.cocoloni.jp/（スマートフォンのみ）

◆ 本文中に出てくる、星座の分類は下記の通りです。
火の星座：牡羊座・獅子座・射手座　　　地の星座：牡牛座・乙女座・山羊座
風の星座：双子座・天秤座・水瓶座　　　水の星座：蟹座・蠍座・魚座
活動宮：牡羊座・蟹座・天秤座・山羊座
不動宮：牡牛座・獅子座・蠍座・水瓶座
柔軟宮：双子座・乙女座・射手座・魚座

《参考資料》

・『Solar Fire Gold Ver.9』（ソフトウェア）/ Esoteric Technologies Pty Ltd.
・『増補版　21世紀　占星天文暦』/ 魔女の家BOOKS　ニール・F・マイケルセン
・『アメリカ占星学教科書　第一巻』/ 魔女の家BOOKS　M.D.マーチ、J.マクエバーズ
・国立天文台 暦計算室Webサイト

HOSHIORI

# 天秤座 2024年の星模様

## 年間占い

## ✴「いい話」の年、希望の年

「いい話がくる年」です。

この「いい話」とは、オイシイ話とか楽して儲かる話とかではありません。むしろ、「これは受けるとすれば、大変なことになりそうだぞ」と覚悟を決めるような話が、2024年のあなたのもとにくる「いい話」です。

巡ってきた「いい話」は、あなたに丁寧な努力を促します。一見優雅な白鳥が水面下でバタバタと足掻くのに似て、あなたは魅力的な「いい話」のために、必死に汗を流すことになります。小さなステップを一つ一つ重ねて、大きな場所に辿り着けます。このひたむきな、ある意味泥臭いプロセスを倦まずたゆまず辿っていけるかどうか、ということが、2024年の一大テーマです。

理想と現実のギャップに苦しむこともあれば、「いい話」を受けたことを後悔する人、「こんな努力に、意味があるだろうか？」という徒労感に苛まれる人もいるかもしれません。この時期の前進は「歩く速さ」で、近

道ができません。「突然の飛躍」のようなことも起こりにくいのです。あくまで「一段一段上る」しかないので、疲れを感じる場面もあるはずですし、「本当にこのペースで、目指す場所まで辿り着けるのか？」という疑いが何度も浮かぶかもしれません。ですが、どんなにゆっくりでも、この時期は「確実に進み、到達できる」レールに乗っています。どんなに遅くても前進する姿勢を保てれば、遅くとも2026年頭までには、あなたが勝利するのです。「いい話」は、ちゃんとあなたのものになります。

## ❊「受容」の年

　天秤座の人々はもともと「チェックが厳しい」ところがあります。特に自分自身に対して様々なダメ出しをし、それにキッチリ対処する厳しさが、第三者から見た時のあなたの洗練、美しいたたずまいを作っています。

　ですが、人生には「対処のしようのない問題」もたくさんあります。たとえば、加齢による体質の変化とか、自分以外の誰かの行動などは、「受け入れるしかな

い」こともあります。世の中は様々な矛盾や、コントロール不能な条件で溢れていて、その多くが努力の範疇を超えています。それらをどのように受け入れるか、ということも、2024年の一つのテーマです。

特に「受け入れるべきことを受け入れられず、長い間苦しんできた」といった経緯がある人は、2024年にその苦悩から抜け出せるかもしれません。閉ざし続けた心の扉が開かれ、そこから誰かが、あるいは何か素敵なものが、入ってきてくれます。受容したことと一緒に、「希望」と「可能性」、そして「縁」が流れ込んで来る年です。

## 🎐 前半、意外な「ギフト」を受け取る

2023年5月から2024年5月末まで、「ギフトの時間」です。人から贈られるものがあり、受け取れるものがたくさんある時です。この「ギフト」も、前述の「いい話」の一つです。もちろん、文字通りの「ギフト」として、お金やモノを贈られる場面も多いでしょう。さらに、人があなたのためにチャンスをセッティングしてくれたり、人に引き合わせてくれたり、素晴らしい

場所へと連れて行ってくれたりするかもしれません。重要なポジションを引き継ぐ人、重要なものや場の「管理者」になる人もいそうです。この時期は特に、びっくりするようなものを手渡されたり、突発的なオファーを受けたりする傾向があります。広い意味での「ギフト」を受け取るにあたり、衝撃や驚きが走るのです。「こんなにすごいものを、自分が受け取っていいのかな？」「このオファーを受けるには、自分は力不足だ」などと思えることもあるかもしれませんが、敢えてそうした緊張、不安を乗り越えて、思い切ってチャレンジしてみることに意義があります。自分では決して選ばないようなものを、誰かがあなたのために選んで、手渡してくれます。自分では気づかない長所や才能を、誰かが手を伸ばして引き出してくれる時なのです。もちろん、何を受け取るかは吟味・選択できますが、「普段の自分のカラーと違うから」と頭ごなしに拒否してしまうのは、今はもったいないかもしれません。馴染みのないもの、距離を置いてきたものでも、今のあなたには必要なものなのかもしれません。一度は吟味、検討し、相手の意見をよく聞いてみることが大切です。

## ✻ 後半から「冒険と学びの季節」へ

　5月末から2025年6月上旬は「冒険と学びの季節」です。旅に出る機会が増えるでしょう。長期出張や遠征、留学、移住など、大スケールの冒険に出かける人も多そうです。ずっと行きたかった場所に行けるかもしれません。あるいは、遠くから来た人々と知り合い、新しい世界の存在を教えてもらう、といった異文化体験ができるのかもしれません。

　この時期は経験値を積むため、自分を鍛えるために旅に出る人も多そうです。「武者修行」的な旅に出て、生まれ変わるような体験ができる時です。気楽な楽しみのための旅ではなく、自分に負荷をかけるような、非日常の中で自分を試すような旅に心惹かれます。昔から「かわいい子には旅をさせよ」と言われますが、この時期は「自分がかわいい」人ほど、チャレンジングな旅に出たくなるかもしれません。

　また、精力的に学べる時です。学校に入ったり、講座やセミナーに参加したり、図書館に通ったりすることになるかもしれません。情熱的な仲間に恵まれる時

期で、「一緒に勉強する」ような場に参加できるかもしれません。色々な人の情熱に巻き込まれ、切磋琢磨する中で一気に成長できそうです。「朱に交われば赤くなる」の諺の通り、意欲や情熱のある人々と関わると、自分の中に意欲を保ち続けることが容易になります。マウンティングや見栄を張るようなこととは別のところで、純粋に情熱的で意欲的な人々と交友関係を結ぶことが、この「学びの季節」を加速するポイントなのかもしれません。

## ❋ がむしゃらな「勝負」の秋

9月から2025年4月半ばまで、「熱い勝負の時間」です。高い目標を掲げて大チャレンジできます。持てる力と情熱の全てをぶつけて勝負することになるでしょう。リスクを取っての選択、大胆な決断、タフな挑戦の時間です。この時期は、「手加減」がなかなかできません。脱線したり、不器用さが露呈したり、闘いの中で失敗しながら学ぶ場面もあるはずです。遠慮や忖度は、余裕があるからできることで、この時期はそうした余裕がありません。格好つけたり、力を出し惜しみ

したりする余裕もないはずです。文字通りの「全力」で、さらに自分の限界を超えていくようなチャレンジの中で初めて、本当の勝利を掴めます。

　9月から11月頭までがこの「勝負」の「第一ラウンド」で、2025年1月から4月中旬が「第二ラウンド」となります。11月頭まで闘えるだけ闘って、11月からこれまでの経緯を振り返り、足りない部分を新たに学び、準備を重ね、新しい戦略を立てて、年明けから仕切り直して再チャレンジ、という展開になるのかもしれません。この時期の「勝負」は、「開拓」の意味合いもあります。未踏の地をまず切り開き、粗々に整地して、闘えるフィールドを作るのです。少々フライングですが、2025年半ば以降、そのフィールドでもっとのびやかに、一回り大きなスケールの「勝負」に突入します。そこでは、2024年秋のような不器用さはありません。自信満々で余裕の勝利を収められます。

## ｛ 仕事・目標への挑戦／知的活動 ｝

　自分に寄せられているニーズ、期待を注視し、コツコツ努力を重ねられる時です。理想と現実のギャップ

にくじけそうになることもあるかもしれませんが、一つ一つのステップを着実に踏んで、2026年頃までには盤石のポジションを確立できます。自分は本当に必要とされているのか、役に立っているのか、などと自信が持てなくても、とにかく「やるべきこと」に集中することが大切です。「どうせ努力してもモノにならない」「周囲の人に敵わない」など、心の中で「やらない理由」を集め始めると無気力の落とし穴に落ち、この時間の意義を削いでしまうことになります。とはいえ、一時的に無為に陥ったとしても、気を取り直してまたコツコツ積み重ね始めれば、きっと納得の行く地平に辿り着けます。とにかく「諦めないこと」が大切な時です。

2024年9月から11月頭、2025年1月から4月半ばは、キャリアにおける「大勝負」の時間です。一大ミッションにチャレンジし、勝利を勝ち取れます。新しいフィールドを切り開く人も多いでしょう。この時期は「遠征」の気配もあります。遠く離れた場所、慣れない場所で奮戦し、結果を出せる時です。

2024年5月末から2025年6月上旬は、素晴らしい

「学びの季節」です。この時期に学んだことは確実に身につきますし、その後のあなたの活躍を支える強力な武器、防具となるでしょう。資格取得やスキルアップはもちろん、専門的な研究や取材活動、発信活動など、知的活動全般に非常に強い追い風が吹きます。行動範囲がぐっと広がりますし、尊敬できる「師」に出会えるかもしれません。この時期に学び始めたことは2025年以降、劇的な広がりを見せる可能性があります。たとえば、この時期興味を持って新しい外国語を学んだところ、2025年から2026年に不思議な縁が結ばれて、2026年以降その地に暮らすことになる、といった展開も考えられます。たとえば、2024年後半から2025年前半に見出した「新しい世界」はロケットの打ち上げ場のような場所で、実はその先に宇宙旅行が待っている、といった流れになるかもしれないのです。知的活動において、あるいは物理的に、より広い世界に出て行くためのレールに乗れる時です。

### ｛ 人間関係 ｝

　不思議な「縁」が結ばれやすい時です。意外な著名

人と親しくなったり、これまでに関わったことのない
タイプの人々と繋がりができたりします。天秤座の人々
は自分の考えや価値観、スタイルをしっかりと持ってい
る傾向がありますが、2024年は他者から影響を受け、
「自分のスタイル」を少なからず変えていくことになる
かもしれません。人からの影響に「心を開く」場面が
多そうなのです。

　他者との出会いが、既知のこと、慣れていること、安
心できる世界の外側へと出る扉になります。現状を変
えたいとか、もっと成長したいという願いを抱いてい
る人は特に、色々な人と知り合ってゆくことが重要で
す。出会いは、選択もコントロールもできません。条
件を指定して選別するような眼差しではなく、運命や
偶然に「賭ける」ような気持ちで人と出会ってゆく時、
公私ともに、人生が一変する可能性があります。

{ **お金・経済活動** }

　経済的関係が外に向かって一気に広がります。意外
な臨時収入が入ったり、経済的なサポートを受けるこ
とになったりするかもしれません。素晴らしい「ギフ

ト」を受け取る人もいるでしょう。また、価値あるものを受け継いだり、他者の金銭を管理するような役割を引き受ける人もいそうです。融資、ローン、保険、投資など、自分の財布の外側に広がるお金の流れと「繋がる」ような動きが生じます。天秤座の人々は他の分野では非常に注意深いのですが、お金やモノに関しては、ある種のスイッチが入ると、かなり奔放になったり、過剰な執着を見せたりすることがあるようです。2024年前半、大きなお金を動かすような場面では、自覚しないうちに視野が狭くなっていないかどうか、信頼できる相手に相談する機会を持ちたいところです。

{ 健康・生活 }

　ウォーキングやストレッチを始めるとか、休肝日を設けるなど、ささやかでも「健康に良い習慣」を導入すると、後々非常に大きな効果がもたらされます。2、3年後に「続けてきて良かった！」と思えるような新習慣をスタートできる年です。

　体調不良を抱えている人は、そこにじっくり向き合う時です。特に加齢による体質変化、普段の生活の中

で積み重ねた無理や疲労、ストレスからの不調に、時間をかけて対処していく必要があります。また、心身の不調が連動して起こる時期でもあります。「これは心の疲れ」「これは身体の病気」などとハッキリ切り分けることができないのです。心と身体の両方をケアすることが大切です。

　天秤座の人々は高い理想を描き、目標に向かって努力していくことが好きです。その点、心身のコンディションを整えるとか、不調に対処するとかいったことは、「努力」が効かないことも多い分野です。ゆえに、前向きな気持ちが保ちにくい時期もあるかもしれません。でも、この時期は「今の自分を受け入れる」ことこそがテーマです。そこでは「周囲の人々がどのように生きているか」がとても参考になります。自分と似た問題に向き合っている人、同じくらいの年代の人など、広い範囲の「仲間」たちに目を向けると、「どのように希望を持てばよいか」のヒントを受け取れます。

# ◉ 2024年の流星群 ◉

「流れ星」は、星占い的にはあまり重視されません。古来、流星は「天候の一部」と考えられたからです。とはいえ流れ星を見ると、何かドキドキしますね。私は、流れ星は「星のお守り」のようなものだと感じています。2024年、見やすそうな流星群をご紹介します。

### 4月下旬から5月／みずがめ座η流星群
ピークは5月6日頃、この前後数日間は、未明2〜3時に多く流れそうです。月明かりがなく、好条件です。

### 8月13日頃／ペルセウス座流星群
7月半ば〜8月下旬まで楽しめる流星群です。三大流星群の一つで、2024年は8月12日の真夜中から13日未明が観測のチャンスです。夏休みに是非、星空を楽しんで。

### 10月前半／ジャコビニ流星群
### （10月りゅう座流星群）
周期的に多く出現する流星群ですが、「多い」と予測された年でも肩透かしになることがあるなど、ミステリアスな流星群です。2024年・2025年は多数出現するのではと予測されており、期待大です。出現期間は10月6日〜10月10日、極大は10月8日頃です。

HOSHIORI

# 天秤座 2024年の愛

## 年間恋愛占い

## 🖤 愛の神髄を生きる時間へ

　愛は素晴らしいものですが、一方、危険なものでも
あります。たとえば愛からは新しい命が生まれますが、
そのプロセスで人間は、妊娠・出産・産褥期の危険な
ど、死にも近づきます。愛し合う人間は、どこかで命
を賭けるような情熱を生きています。現代社会では認
識されにくくなりましたが、見えにくくなったからとい
って「エロスとタナトス」の真実が消え去ったわけで
はありません。結婚式場や住宅メーカーのCMの世界
観には決して出てこないもう一つの真実が、この時期
から20年ほど、天秤座の愛のメインテーマとなります。

{ **パートナーを探している人・結婚を望んでいる人** }

　「縁が結ばれる」時です。ゆえに、出会いを見つけや
すい時期と言えます。特に春と秋、愛の関係が「縁」
に従って一気に動くようなタイミングです。

　一般に「縁」と呼ばれるものは、人間のコントロー
ルの範囲を超えた「つながり」で、説明のつかない、不
思議な運命のような関係を意味します。

一方、天秤座は理知によって「選ぶ」星座です。天秤にかけて1ミリグラムもずれないように慎重に「はかる」星座でもあります。ゆえにパートナーを選ぶ時ももちろん、慎重に相手を吟味し、選ぼうとします。ただ、重さだけを考えればいい砂糖や塩と違い、人間にはたくさんのパラメータがあります。身長や年収、年齢や体重などある程度数字で測れるものがある一方、価値観や人間性、いざという時の心の動きなど、数字では決して測れない変数もたくさんあります。全てのパラメータにおいて満足できる相手がいればそれに越したことはありませんが、あまり現実的ではありません。さらに言えば、一体相手のどのパラメータが満たされていれば自分が幸福になれるのか、ということを、多くの人は自覚していないのです。ゆえに、重要な出会いの場であるほど「相手を測る天秤」は混乱します。

「縁」が結ばれる時、「相手を測る天秤」はサポート的な役割を果たすことはあっても、最終的な結論とは無関係です。タイプではない相手、「この条件だけは死守」と思っていた条件をことごとく外している相手と結ばれた時ほど、「これは、縁だったのだな」と感じら

れます。さらにその人といて幸福を感じた時「これが運命というものなんだな」とも思えます。2024年はそのような「縁」が結ばれやすい時です。もちろん、あなたが大事にしている条件を無理に手放したり、否定したりする必要はありませんが、相手と出会う前にあらかじめ用意していた「条件」に固執しすぎると、無用の遠回りになる可能性も。用意した「条件」を少し緩めに握り、「縁」や「出会い」に対して普段よりオープンになっておくことがポイントです。

## { パートナーシップについて }

パートナーシップにおいては、共にある時間が長くなるほど、どうしても「愛」より「責任・義務・倫理・人間性」などに意識が向かいがちです。ですが2024年からは「愛」が主題となり、2043年頃までその状態が続きます。あなたの中に熱い愛の衝動がマグマのように起動し、どこまでもその愛を生きていくことになるのです。特に2024年は純粋な愛の欲動にスイッチが入り、非常に官能的な時間を過ごす人が多いでしょう。第三者には決して見せない、二人だけの愛のクローズ

ドな部分に強いスポットライトが当たります。きれい
ごとだけでは片づかない、人生を賭けるような愛の神
髄の時間に入ります。

## ｛ 片思い中の人・愛の悩みを抱えている人 ｝

「パートナーを探している人」のパートでも書きまし
たが、2024年は「縁」が発動する時と言えます。ゆえ
に、悩みや混乱、愛の膠着状態も、「縁」の力で調律さ
れる可能性があります。長く迷走を続けた関係に「本
当に縁があるのかないのかがわかる年」となるかもし
れません。特に春と秋に、ハッキリした転換点が巡っ
てくる気配があります。意外な出来事を経て、迷いの
道を抜け出し、「本道」に戻れるような年です。

## ｛ 家族・子育てについて ｝

2008年頃から、なんらかの意味で家族に「縛られて
いる」ような状態だったなら、2024年はそこから脱出
できる年です。物理的に外出している時でも家のこと
が頭から離れなかったり、居場所や家族の事情で他の
活動が制限されるようなことがあったかもしれません。

あるいは逆に「家庭を持つ」ことに激しいほどの執着を抱き、理想と現実のギャップに苦しみ続けた、という人もいるかもしれません。こうした、なんらかの「家の呪縛」が2024年、静かに消えていきます。

　子育てに関しては、ここから2043年頃までの中で、「子育てを通して生まれ変わる」ような経験をする人が少なくないかもしれません。今まで子供を持つことに全く興味がなかったのに、2024年以降突然、子供が欲しくなって妊活を始める、といったプロセスに入る人も多いだろうと思います。

## 〈 2024年　愛のターニングポイント 〉

　1月下旬から6月上旬まで、愛の追い風が吹き続けます。特に2月半ばから3月前半、5月から6月頭は素晴らしい愛と情熱の季節です。さらに8月末から9月、12月から年明けにも、キラキラした愛のスポットライトが当たります。3月後半から4月前半、10月頭には「愛のミラクル」の気配もあります。運命を感じるような、特別な愛のドラマが展開しそうです。

# 天秤座 2024年の薬箱

## もしも悩みを抱えたら

## ❈2024年の薬箱 〜もしも悩みを抱えたら〜

誰でも日々の生活の中で、迷いや悩みを抱くことがあります。2024年のあなたがもし、悩みに出会ったなら、その悩みの方向性や出口がどのあたりにあるのか、そのヒントをいくつか、考えてみたいと思います。

**◈新しい暮らし方を、時間をかけて創造する**

健康や生活習慣、働き方などについての悩みを抱える人が少なくなさそうです。2023年からこの悩みは続いているかもしれません。一人で多くを抱え込みすぎたり、心身の不調に悩んだりと、日々の生活の中になにかしら、小さな悩みが蓄積して、暗い気持ちで生活している人もいるのではないかと思います。ただ、簡単な方法で一発解決！という方向性を諦め、「少しずつ変えていくしかない」という方針に転換できた人は、「少しずつ状況が好転している」という実感を持ちつつあるのではないでしょうか。セルフケアの方法をあれこれ試したり、自分に合った暮らし方を考えたりする中で、「これは採用」「これは不採用」というふうに、だ

んだんと自分らしい暮らしのルールが固まってきているだろうと思うのです。粘り強く自分の心身と対話を重ねながら「暮らしを作る」という意識を持ちたい時です。

◆ 思い込みで作られた鎖

　誰かへの隷属状態に悩んでいる人、周囲の都合に振り回され、自分の生き方を見失っている人もいるかもしれません。依存すること、依存されることが問題になっているかもしれません。また、自分の意志で決定できないことが多すぎる状況に苦しんでいる人もいそうです。

　ただ、それらの条件に「縛られていなければならない」という意識自体が、思い込みで作られている可能性はないでしょうか。本当に脱出したい状況なのであれば、その状況を作っている鎖は、あなたの手で壊すことも可能であるようです。想像と現実を箇条書きにしてきちんと切り分けた時、真の自他のニーズが見えてきます。

# 2024年のプチ占い（牡羊座〜乙女座）

**牡牛座（3/21-4/20生まれ）**

特別な縁が結ばれる年。特に春と秋、公私ともに素敵な出会いがありそう。年の前半は経済活動が熱く盛り上がる。ひと山当てる人も。年の半ば以降は、旅と学び、コミュニケーションの時間へ。成長期。

**牡牛座（4/21-5/21生まれ）**

約12年に一度の「人生の一大ターニングポイント」が5月末まで続く。人生の転機を迎え、全く新しいことを始める人が多そう。5月末以降は、平たく言って「金運の良い時」。価値あるものが手に入る。

**双子座（5/22-6/22生まれ）**

大きな目標を掲げ、あるいは重大な責任を背負って、ひたむきに「上を目指す」年。5月末からは素晴らしい人生のターニングポイントに入る。ここから2025年前半にかけ「運命」を感じるような出来事が。

**蟹座（6/23-7/23生まれ）**

夢と希望を描く年。素敵な仲間に恵まれ、より自由な生き方を模索できる。新しい世界に足を踏み入れ、多くを学べる年。9月から2025年春にかけて「自分との闘い」に挑む時間に入る。チャレンジを。

**獅子座（7/24-8/23生まれ）**

大活躍の年。特に5月末までは、仕事や対外的な活動において素晴らしい成果を挙げられる。社会的立場がガラッと変わる可能性も。独立する人、大ブレイクを果たす人も。11月以降も「勝負」の時間。

**乙女座（8/24-9/23生まれ）**

冒険と成長の年。遠い場所に大遠征を試み、人間的に急成長を遂げる人が多そう。未知の世界に思い切って足を踏み入れることになる。5月末以降は大活躍、大成功の時間へ。社会的立場が大きく変わる。

（※天秤座〜魚座はP.96）

HOSHIORI

# 天秤座 2024年 毎月の星模様

## 月間占い

## ◆星座と天体の記号

　「毎月の星模様」では、簡単なホロスコープの図を掲載していますが、各種の記号の意味は、以下の通りです。基本的に西洋占星術で用いる一般的な記号をそのまま用いていますが、新月と満月は、本書オリジナルの表記です（一般的な表記では、月は白い三日月で示し、新月や満月を特別な記号で示すことはありません）。

| | | |
|---|---|---|
| ♈：牡羊座 | ♉：牡牛座 | ♊：双子座 |
| ♋：蟹座 | ♌：獅子座 | ♍：乙女座 |
| ♎：天秤座 | ♏：蠍座 | ♐：射手座 |
| ♑：山羊座 | ♒：水瓶座 | ♓：魚座 |
| | | |
| ☉：太陽 | ●：新月 | ○：満月 |
| ☿：水星 | ♀：金星 | ♂：火星 |
| ♃：木星 | ♄：土星 | ♅：天王星 |
| ♆：海王星 | ♇：冥王星 | |
| ℞：逆行 | Ð：順行 | |

## ◆ 月間占いのマーク

　また、「毎月の星模様」には、6種類のマークを添えてあります。マークの個数は「強度・ハデさ・動きの振り幅の大きさ」などのイメージを表現しています。マークの示す意味合いは、以下の通りです。

　マークが少ないと「運が悪い」ということではありません。言わば「追い風の風速計」のようなイメージで捉えて頂ければと思います。

★☆　特別なこと、大事なこと、全般的なこと

✊　情熱、エネルギー、闘い、挑戦にまつわること

🏠　家族、居場所、身近な人との関係にまつわること

¥　経済的なこと、物質的なこと、ビジネスにおける利益

✎　仕事、勉強、日々のタスク、忙しさなど

♥　恋愛、好きなこと、楽しいこと、趣味など

# 1

## JANUARY

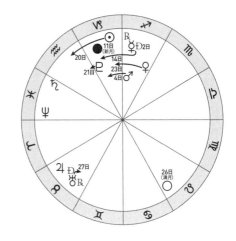

◆**変化の時ほど、聞く耳を持つ。**

「居場所が動く」時です。引っ越しや家族構成の変化など、大きめのイベントを予定している人も少なくないはずです。月の後半は特に、家族や身近な人とのコミュニケーションが重要になります。誰かが不満を溜め込んだまま新しいイベントが進行する、といったことにならないよう、心を開いて。

◆**身近な人との対話に、心を砕く。** ★

12月半ば頃から話が噛み合わなかったり、誤解が生じたりしていたなら、1月に入ると一気に混乱解消に向かいます。長らく連絡を待たされていた人も、もどかしい「待ち状態」を抜け出せるでしょう。特に兄弟姉妹との関係に短期的な問題を抱えて

いた人は、この時期かなり明るい形で問題解決が実現しそうです。身近な相手との対話ではどうしても遠慮がなくなり、小さなことでぶつかりがちですが、敢えて言葉遣いを優しく丁寧にしてみるだけで、びっくりするほど関係がスムーズになるかもしれません。

### ◆「激動」の果ての居場所。

2008年頃から今に至るまで、「居場所・住処（すみか）・家族」に関することで激動の日々を過ごした人も少なくないはずです。その「激動」が一つの最終到達地点に辿り着くのが、このタイミングとなるかもしれません。更地に家を建て始めるような経験をする人もいるかもしれません。

### ♥ 恋人と、愛に溢れる会話を交わす。　　　♥♥

愛のコミュニケーションがゆたかに盛り上がる時期です。大切な人とゆたかな会話を交わせるでしょう。月の下旬、かなり大きな、象徴的な変化が起こる気配が。自分に正直に。

### ◥◣ 1月 全体の星模様 ◢◤

12月半ばから射手座で逆行中の水星が2日、順行に戻ります。コミュニケーション上の問題、遠方とのやりとりや移動の問題が解決に向かうでしょう。とはいえ月の半ばまでは、流言飛語の危険も。火星は山羊座で力を増し、権力闘争が煽られます。21日、昨年3月以来二度目の冥王星水瓶座入り、時代の大きな節目に。ただし冥王星の水瓶座入り完了は11月20日、まだ中間地点です。

MONTHLY
HOROSCOPE

# 2

## FEBRUARY

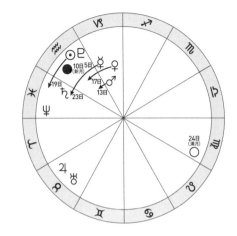

◆ **公私の「私」を重視する。**　🏠🏠🏠

プライベートが充実しそうな時期です。月の前半はどちらかと言えば身近な人や家族のために力を尽くすことになりそうです。一方、半ばを過ぎて後半は、自分自身のためにゆたかに時間を使うことができるでしょう。環境を整えること、自分自身のニーズを自問自答しながら満たすことが大切です。

◆ **情熱、没頭。強烈な創造的体験。**　

月の前半は「居場所が動く」時間の中にあります。引っ越しや家族構成の変化など、目立つ動きが起こりやすい時です。月の半ば以降は趣味や創造的な活動に打ち込める、楽しい時間となっています。仕事としてクリエイティブな活動に取り組んでい

36

る人には、望外のチャンスが舞い降りるかもしれません。この時期のチャンスには、突発的な部分と、「荒ぶる」部分が含まれています。寝食を忘れて没頭するなど、生活のリズムが少々崩れる可能性も。体調管理を忘れないで。

**♥ 心の中の嵐から、目をそらさない。**

月の半ば以降、一気に盛り上がります。愛を探している人は強烈な愛のドラマに巻き込まれていくような体験ができるかもしれません。強い魅力を持つ人に出会えたり、自分の中に生まれる嵐のような愛の感情に翻弄されたりする可能性も。恋愛には、理性によってコントロールできない部分が多々、含まれています。理性の星座である天秤座の人々にとってはそのことが受け入れがたいため、自分が荒ぶる感情に振り回されていることを「無視」してしまい、かえってその嵐を制御不能にしてしまう、といった展開になる場合があるようです。今は、自分の中に生まれたクレイジーなものを敢えて直視する勇気を持つことが、とても重要です。

### ❯❯ 2月 全体の星模様 ❮❮

火星は13日まで、金星は17日まで山羊座に滞在します。2022年の1月から3月頭に起こった出来事をなぞるような、あるいは明確にあの頃の「続き」と感じられるような出来事が起こるかもしれません。さらに月の半ばを過ぎて、社会的に非常にビビッドな転換点が訪れるでしょう。冥王星に火星、金星が重なり、人々の「集合的無意識」が表面化して大きな潮流が生じます。

# 3

## MARCH

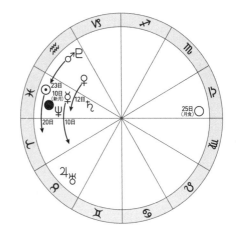

◆**噴出する創造性。**

クリエイティビティがマグマのように内側から湧き上がり、外界に噴き出します。やりたいことがどんどん出てきますし、普段通りのことをするにもアイデアが噴出し、才能が爆発して、自分でもびっくりするかもしれません。もちろん、周囲もあなたに大注目します。遠慮なく個性をぶつけてみて。

◆**上旬は混乱しても、中旬以降は上向きに。**

3月全体を通して非常に忙しい時期です。月の上旬は混乱や問題の発生、悲観が疑念を呼んでのコミュニケーション不全など、ややこしいことも起こるかもしれません。ですが10日から12日くらいを境に、雰囲気がパッと変わり、状況が一気に好転し始

めます。誤解が解け、問題が解決に向かい、経験を糧として明るい気持ちで前進できるでしょう。心身のコンディションも、月の頭は思わしくないかもしれませんが、中旬以降はぐんぐん調子が上向きに。優しいケアも受けられます。

◈**25日前後、強力なチャンスが。**
25日前後、非常にドラマティックな出来事が起こるかもしれません。才能が認められ、チャンスを掴む人も。

♥**最初に引き受けることで、押し寄せる愛。**
とにかく熱い愛と情熱の時間です。自分でも不思議なくらい積極的に行動できますし、その情熱に自然に応えてもらえます。愛を探している人も、カップルも、自分から行動を起こすことで想像の何倍も熱い愛のドラマが動き出すのを目の当たりにするでしょう。この時期の愛を動かすコツは、「責任を引き受ける」こと。言い訳や逃げ場を自分に作らないことが、愛の物語を進展させる原動力となります。

>> **3月 全体の星模様** <<

火星が冥王星と水瓶座に同座し、非常に鉄火な雰囲気が漂います。2023年頃から静かに燃え始めた野心が、最初のハッキリした「発火」を起こしそうです。月の上旬は水星が魚座に位置していて、コミュニケーション上の混乱が起こりやすいかもしれません。10日を境にその混乱がすうっと収まり、かわってとても優しい愛が満ちてきます。共感と信頼、救済の力を感じられます。

MONTHLY
HOROSCOPE

# 4

APRIL

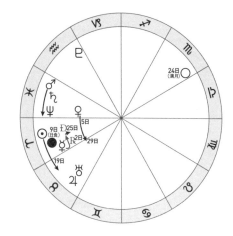

◈**自分のこともしっかりケアして。**

忙しい時です。やるべきことが山積みで、嵐のような毎日になりそうです。特に、周囲の人のケアやサポートをする場面が増え、自分のことが完全に後回しになるかもしれません。ゆえに、心身のコンディションを崩しやすい時と言えます。できるだけ丁寧なセルフケアを心がけ、なんとか走り抜けて。

◈**「ガマンの限界」から、状況を変える。**

普段から働き方、暮らし方、役割分担において負担が大きすぎると感じているなら、その状況を根本的に変えられます。転職活動を始めるなど、かなり抜本的な対策をとれそうです。「ずっとガマンしてきたけれど、もうガマンできない！」というふう

に、マグマが爆発するような形でドラスティックなアクション
を起こす人も少なくないはずです。穏やかで優雅な天秤座の人々
ですが「怒ると怖い」と思われている傾向も。この時期はその、
現実的な怒りを発することで、抑圧的だった状況を一気に好転
させることができそうです。

### ◆「人との関わり」を最優先する。
懐かしい人に再会できそうです。人からの連絡やアポイントが
原因で、なにかと予定の変更が起こるかもしれませんが、今は
「人のために時間を割く」ことに妙味があります。

### ♥ピンチはチャンス。
基本的には好調な時期なのですが、少しふわふわした感じがあ
るかもしれません。愛のドラマが進むかと思ったら止まるなど、
なにかとイレギュラーが起こりやすい時です。ただ、この時期
の「想定外」は対応次第でチャンスに変えられます。意外な展
開に遭遇した時ほど、一番優雅な自分でいて。

### 》4月 全体の星模様 《

水星が牡羊座で逆行し、そこに金星が重なります。これは、混乱
や緩みが感じられる配置です。年度替わりに「スタートダッシ
ュ！」と意気込んでも、なぜかもたもた、ノロノロするかもしれ
ません。先を急がずどっしり構えることがポイントです。魚座で
土星と火星が同座し、ある種の手厳しさが強調されています。不
安が反転して怒りが燃え上がるような、「逆ギレ」的展開も。

## MONTHLY
## HOROSCOPE

# 5

### MAY

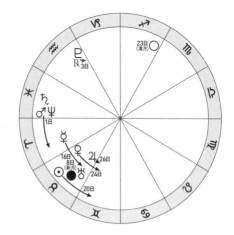

◆ **誰かの熱が、ハートに燃え移る。**

人間関係が「熱い」時です。刺激的な出会いがあったり、バックグラウンドが全く違う人々との関わりが増えたりしそうです。タフな交渉に臨む人、誰かと「真剣勝負」する人もいるでしょう。積極的な人々と関わることで、あなたの中の熱が引き出されます。誰かの情熱がハートに燃え移ります。

◆ **「託される」ものがある。**

2023年半ばからの「ギフトの時間」が、ここで最高潮に達します。人から多くのものを受け取れるでしょう。また、関わっている誰かの経済活動の拡大に巻き込まれる形で、あなた自身の懐もあたたかくなるかもしれません。他者からの経済的恩恵を

受ける場面の多い時です。お金やもの以外にも、オファーを受けたり、チャンスを作ってもらえたりと、嬉しいものを手渡してもらう場面があるでしょう。「託される」時です。

## ◈ 約1年の「冒険と学びの時間」の始まり。

20日から26日頃を境に、「冒険と学びの時間」に入ります。これ以降、遠出の機会が一気に増えるでしょう。長旅や引っ越し、移住の計画が持ち上がる気配も。視野がぐっと広がります。

## ♥ 求め合い、ぶつけ合える。

愛の世界にも、熱がこもります。優しい柔らかい雰囲気は微塵もありません。情熱をぶつけ合ったり、時にはケンカしたりしながら、関係を深められます。お互いに与え合えるものの多い、非常に官能的な時期でもあります。求め合えている手応えを感じられるなら、その関係は長続きするはずです。パートナーの経済活動が一気に好転し、それに伴ってパートナーシップに明るい光が射し込む気配も。

## ▶▶▶ 5月 全体の星模様 ◀

牡牛座に星々がぎゅっと集まり、2023年5月からの「牡牛座木星時間」の最終段階に素晴らしい彩りを添えます。約1年頑張ってきたことがここで、非常に華やかな形で「完成」しそうです。牡牛座は物質・お金の星座であり、社会的には経済や金融などの分野で大変化が起こる可能性があります。20日から26日にかけて星々は順次双子座へ移動し、新しい時間が幕を開けます。

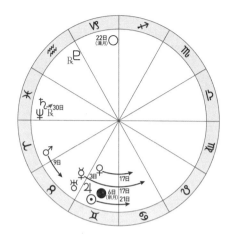

◆「冒険と学びの時間」の幕開け。　　　　　　　　　★彡★彡

5月末から約1年の「冒険と学びの時間」に入り、早々と旅に出る人も多いでしょう。また、今後の遠征の計画が次々に持ち上がり、その準備に勤しむことになるかもしれません。「学び」にも強い追い風が吹いており、目標に合う師を探したり、学校などに所属したりと、本腰を入れて臨めます。

◆カリキュラムを、自分で作る。　　　　　　　　　✐✐

17日を境に、一気に忙しくなりそうです。仕事や対外的な活動が盛り上がり、目立つ立場で活躍する人、リーダー的なポジションに立つ人も少なくないでしょう。新しいミッションを引き受けると、即、そのミッションにまつわる知識・情報を吸収す

44

る必要が出てきます。役割に応じて学ぶべきテーマがいくつも浮上し、気がつけば精力的に勉強していた、といった展開になるでしょう。知っておくべきこと、聞いておくべきことは何なのか、自分の頭でしっかり考える必要があります。というのも、今は「黙っていても誰かが自然に、手取り足取り教えてくれる」ことにはならないようなのです。

♥ **何が大切か、あらかじめ考えておく。** 🤚 ✊

月の上旬まで、熱いパートナーシップの時間が続いています。相手の懐に飛び込んでいくような勇気が功を奏するでしょう。また、相手の熱さや積極性、強さ、怒りなどを受け止める、あなた自身の懐の深さが求められる場面もあるかもしれません。中旬以降はとても官能的な時間となっています。カップルはフィジカルな幸福を感じられるでしょうし、フリーの人も誘惑が多いかもしれません。「なんとなく雰囲気に流されて後悔する」ことのないよう、自分として大事にしたいものを心にしっかりと守って。

### 》 6月 全体の星模様 《

双子座入りした木星に、水星、金星、太陽が寄り添い、ゆたかなコミュニケーションが発生しそうです。どの星もにぎやかでおしゃべりな傾向があり、あらゆる立場の人が一斉にしゃべり出すような、不思議なかしましさが感じられるでしょう。17日、水星と金星が揃って蟹座に抜けると、騒々しさは少し落ち着くかもしれません。全体に「流言飛語」「舌禍」に気をつけたい時間です。

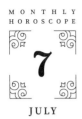

MONTHLY HOROSCOPE

# 7

JULY

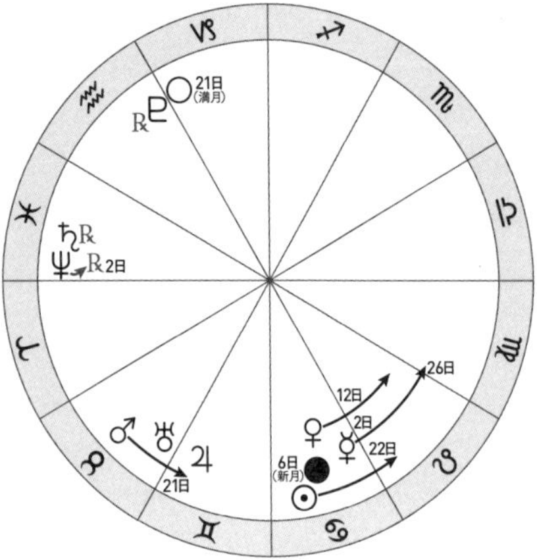


### ◈和気藹々(わきあいあい)と頑張れる。

12日までキラキラした忙しさが続きます。「いいところを見せる」ことができる時で、得意分野で活躍して褒められたり、引き立ててもらったり、仲の良い人たちと一緒に活動できたりと、嬉しいことが多いでしょう。月の半ば以降はさらに「人に恵まれる」時間となります。和気藹々の空気を楽しんで。

### ◈リスクを取っての「賭け」。

経済活動が驚きの展開を見せるかもしれません。突然素晴らしい金鉱が見つかるとか、非常に有利な条件を提示されるなど、「向こうから巡ってくるチャンス」がある時です。普段コツコツ地道にお金を貯めるようなことが好きな人も、この時期は敢え

てリスクを取って賭けてみたくなるようです。堅実さだけでは越えられないハードルが視野に入る時です。

## ◆簡単には行けないのが「冒険」。 ★彡★彡★彡

21日以降、大冒険の季節がやってきます。ここから9月頭にかけて、熱い遠征に出かけることになりそうです。約12年の旅の季節の真骨頂、大スケールの移動に挑む人が多いでしょう。簡単に行けそうな場所には、興味が湧かないはずです。

## ♥不思議な欲望が起動する。 👋👋

21日まで、非常に官能的な時間が続きます。カップルは互いに与え合えるものがたくさんあるでしょう。新しい感性の世界が開かれるような場面もあるかもしれません。また、自分の中に潜んでいた意外な欲望が目を覚ます、といった展開も。愛を探している人は12日以降、交友関係の中から愛が見つかる気配が。1、2年前に知り合った相手と、ここで一気に恋仲になる、といったドラマもありそうです。

### ▷▷▷ 7月 全体の星模様 ◁◁◁

牡牛座の火星が天王星に重なり「爆発的」な雰囲気です。特に経済活動に関して、驚きの変化が起こりそうです。蓄積されてきたエネルギーに火がつく節目です。21日、火星は木星が待っている双子座に入ります。この21日は今年二度目の山羊座の満月で、水瓶座に移動完了しつつある冥王星と重なっていて、こちらも相当爆発的です。世の中がガラッと変わるような大ニュースも。

# 8

AUGUST

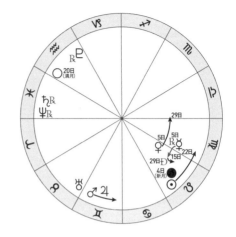

◆ **過去に遡る旅。**

遠征・冒険の時間が続いています。夏休み、いつも以上に遠い
場所まで出かけていく人も多いでしょう。観光旅行では史跡な
ど、遠く歴史を遡るような場所に足を運ぶ機会が多いものです
が、この時期は特に、古いもの、懐かしいものとの距離が縮ま
りそうです。懐かしい人にも再会できそうです。

◆ **振り返って起草する未来。**

一人で過ごす時間が増えそうです。これはもちろん、孤独にな
るとか、人から排除されるとかいうことではありません。そう
ではなく、あくまで自分の中に「一人でじっくり考えたい」「自
分自身と深く対話したい」というニーズが生まれるからです。こ

れまでの経緯を振り返り、軌道修正し、新しい戦略を立てられます。「これからやってみたいこと」は「これまでやってきたこと」の振り返りから起き上がります。

◈ **新しい友達。**
4日前後、新しい友達ができるかもしれません。素敵な出会いがありそうです。遠方から来た人と仲良くなれます。

♥ **一般論が当てはまらない。**
少々不思議な展開を見せます。愛の物語がストレートには進まず、立ち止まったり、謎を解き明かしたりするような場面も。恋愛には「一般的な部分」と、「二人の間だけの、個別の事情」とがあるものですが、この時期は後者にスポットライトが当たっています。自分と相手だけの間で成り立つ何事かに注目する必要があり、「普通はこうする」という物差しは一切、通用しません。まっさらな気持ちで愛し合いたい時です。20日前後、力強い、素敵な進展が。

### 8月 全体の星模様

双子座に火星と木星が同座し、あらゆる意味で「熱い」時期となっています。荒ぶるエネルギーが爆発するようなイメージの配置で、普段抱えている不満や問題意識がはじけ飛んだようなアクションを起こせそうです。徹底的な交渉の上で要求を通せます。一方、5日から29日まで水星が乙女座－獅子座にまたがって逆行します。金星も重なっていて、少々グダグダになる雰囲気も。

MONTHLY
HOROSCOPE

# 9

SEPTEMBER

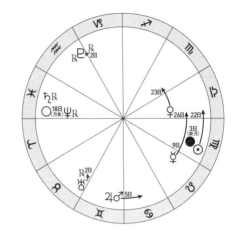

◆ **とにかく明るい多忙期。**

熱い活動期です。重要なことが次々に起こり、嵐のような忙し
さに包まれるでしょう。ただ、この時期は大きな好調の波にも
包まれていて、多忙さや混乱のさなかでも「妙に楽しい！」「と
にかく面白い！」と、明るい気持ちでワクワクしながらチャレ
ンジできるはずです。挑戦して、結果オーライです。

◆ **些事にこだわらず、勝負を続ける。**

5日から11月頭にかけて、仕事や対外的な活動において「大勝
負の時間」に入ります。かなり思い切った賭けに出る人もいる
はずです。特に、7月末からじっくり調べたり、準備したりし
てきたことを、ここから「実行に移す」という展開になるかも

50

しれません。「考えるのと、実際にやってみるのとは違う」ことを実感する場面も多いはずですが、今はとにかくがむしゃらに取り組むしかなさそうです。小さな違和感にこだわりすぎず、楽観的にチャレンジを続けていけば、結果は後からついてきます。18日前後、不思議な問題解決が起こり、そこから物事が一気に前に進むかもしれません。

## ♥忙しさとの両立。

23日まで、素晴らしい愛のスポットライトが当たっています。フリーの人もカップルも、ワクワクするような愛のドラマを生きられるでしょう。忙しい時期でもあるので、恋愛のために時間を作るのが難しい場面もあるかもしれませんが、「白か黒か」で考えず、短い時間でも相手のためにできることがないか、工夫してみたいところです。一方、このところ愛の感情に飲み込まれ、辛くなっていた人は、ふと冷静になれる瞬間があるかもしれません。自分を客観的に見つめ直す余裕が、状況の不思議な好転に繋がります。

## 》 9月 全体の星模様 《

双子座で木星と同座していた火星が蟹座に抜け、ヒートアップした雰囲気が一段落します。金星は既に天秤座に「帰宅」しており、水星も順行に戻って9日から乙女座入り、オウンサインです。水星も金星も自分の支配する星座で、その力がストレートに出やすいとされる配置になります。コミュニケーションやビジネス、交渉や人間関係全般が、軌道修正の流れに乗ります。

# 10

## OCTOBER

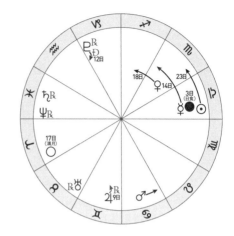

◎ **納得のゆく戦利品。**

引き続き、非常に忙しい時間が続いています。11月頭までの中で、仕事や対外的な活動においてガンガン挑戦し、大きな結果を出せるでしょう。ここでは特に「形ある結果」にこだわる人が多そうです。利益を上げ、報酬を手にすることがとても重要なのです。納得できる戦利品をしっかり確保して。

◎ **旅への扉。**

特別なスタートラインに立つことになるかもしれません。特に月の前半、アクションを起こす人が多そうです。2024年後半は「旅の季節」に入っていますが、10月中に壮大な旅行の計画を練ったり、あるいはここから遠い場所に向けて出発したりする

人もいるでしょう。不思議な縁に誘われるように旅に出る人もいそうです。きっかけをうまく掴んで。

### ◆勝負のための仕入れ。 ¥ ¥ ¥

「欲が出る」時です。なにかと欲しいものが視野に入りますし、いつにも増して散財気味になる人も。ただ、この時期の「勝負」に投入できる材料や道具は、むしろ積極的に手に入れるべきかもしれません。闘うための仕入れは有効です。

### ♥下旬以降、愛のコミュニケーションの季節へ。

特別な「縁」を感じる場面がありそうです。特に3日前後、17日前後には、ミラクルな展開が期待できます。出会いを探している人はこのタイミングできっかけを掴めそうです。カップルは18日以降、ゆたかなコミュニケーションが生まれます。なんでも話し合って、心の距離が縮まります。また、旅行の計画が持ち上がるかもしれません。できるだけ遠い場所に出かけると、ポジティブな刺激になりそうです。

### 》10月 全体の星模様《

引き続き、火星が蟹座に位置し、金星は蠍座に入っています。太陽は天秤座で、これらの配置は全て「ちょっと変則的な面が出る」形とされています。エネルギーが暴走したり、タイミングがズレたりと、想定外の展開が多そうですが、そうしたはみ出る部分、過剰な部分がむしろ、物事の可能性を広げてくれます。3日は天秤座での日食、南米などで金環日食が見られます。

MONTHLY
HOROSCOPE

# 11

## NOVEMBER

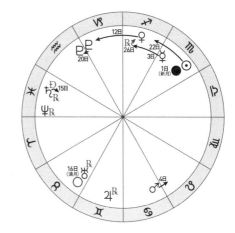

◈ **熱く夢を追いかけ始める。** ★彡★彡

ここから2025年半ばにかけて、新しい夢を追いかけることになるかもしれません。衝撃的なきっかけを得て突然情熱に火がつき、猛然とアクションを起こす、といった展開になりやすいのです。誰かに誘われる形で活動を始め、気がつけば誘ってくれた相手以上に熱くなっていた、という人も。

◈ **特別な旅の時間。**

今年半ばから「旅と学びの季節」に入っていますが、このテーマが一気に加速します。この時期非常に遠い場所に旅する人もいそうですし、ここまでに一度出かけた場所に「再度、本格的に訪問する」ようなアクションを起こす人もいるでしょう。普

54

段の旅行とは少し違った、深い意味と学びの詰まった遠出をする機会に恵まれます。大切な人に会うために旅に出る人もいるはずです。

**◈不思議な経緯で、必要なものが手に入る。** ¥

1日前後、特別なアイテムが手に入りそうです。今取り組んでいる仕事や作業が一気に捗（はかど）るようなリソースに恵まれます。16日前後、びっくりするようなギフトを受け取る場面が。

**♥濃密な愛の時代へ。** ♥♥♥

ここから2043年頃にかけて、非常に密度の濃い愛の時間となります。今月象徴的な出会いを得る人もいそうですし、もう少し先に「火がつく」可能性も。心の中に渦巻いていたものが突然噴出するようなタイミングが巡ってきそうです。既にパートナーがいる人は、相手との感情のやりとりが濃密になっていきます。一般論や常識が全く通用しないような、個別性の高い愛の世界に入る、その入り口の時間です。

## 11月 全体の星模様

火星は4日から1月6日まで獅子座に滞在し、さらに逆行を経て2025年4月18日から6月17日まで長期滞在します。2025年半ばまでの中で、二段階にわたる「勝負」ができる時と言えます。射手座の水星と双子座の木星は、互いに支配星を交換するような「ミューチュアル・リセプション」の位置関係になります。錯綜するニュースがセンセーショナルに注目されそうです。

# 12

## DECEMBER

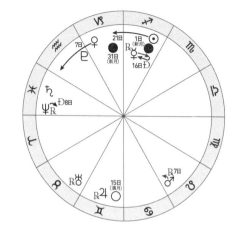

◆**周囲の人が力を引き出してくれる。**　　　♥ ♥ ♥

好きなことにガンガン取り組める時です。「夢を追う」時間の中
にありますが、そこにあなたの才能や個性を思い切りぶつけら
れる時なのです。得意技で活躍できる場面が多そうですし、周
囲の人々があなたの魅力や実力をどんどん引き出してくれます。
人に揉まれる中で、内なるものが開花する時です。

◆**再訪、コミュニケーションの復活。**　　　★彡

月の前半は引き続き「再訪」の時間の中にあります。行ったこ
とのある場所、懐かしい場所を訪ねることで、大切なものを取
り戻せます。また、古いコミュニケーションがよみがえる時で
もあります。ふと思い浮かんだ誰かに思い切ってコンタクトを

56

取るところから、素敵な物語が始まるかもしれません。

## ◆公私の境界線を少し緩める。

遊びや趣味にも勢いが出る時です。また、仕事の上でも好きなことや楽しむ気持ちを活かせる時期でもあります。普段「公私」をハッキリ分けることを心がけている人も、この時期はその境界線を少しはみ出しても大丈夫です。楽しんで。

## ♥愛の企画力。

素晴らしい愛の季節です。強い追い風が吹いて、愛のドラマが急展開するでしょう。愛を探している人は、交友関係が広がる中で愛を見つけられます。アクティブな友人にくっついて色々なところに出かけてゆくうち、色々な人と引き合わされ、その中で出会いを見つける、といった展開も。人の「熱」をうまく自分のものにすることが、この時期の追い風を捉えるコツです。カップルはとても楽しい、心ときめく時間を過ごせるでしょう。企画力、プランニングの力を活かせます。

### 》12月 全体の星模様 《

水星は16日まで射手座で逆行します。「流言飛語による混乱」を感じさせる形です。コミュニケーションや交通機関にまつわる混乱が起こりやすいかもしれません。火のないところにウワサが立って大きくなる時なので「舌禍」に気をつけたいところです。水瓶座入りしたばかりの冥王星に、獅子座の火星が180度でアプライ（接近）します。欲望や戦意が荒ぶる高揚を見せそうです。

HOSHIORI

月と星で読む
天秤座 366日のカレンダー

**◆月の巡りで読む、12 種類の日。**

　毎日の占いをする際、最も基本的な「時計の針」となる
のが、月の動きです。「今日、月が何座にいるか」がわかれ
ば、今日のあなたの生活の中で、どんなテーマにスポット
ライトが当たっているかがわかります（P.64からの「366
日のカレンダー」に、毎日の月のテーマが書かれています。
🌙マークは新月や満月など、◆マークは星の動きです）。

　本書では、月の位置による「その日のテーマ」を、右の
表のように表しています。


　月は1ヵ月で12星座を一回りするので、一つの星座に2
日半ほど滞在します。ゆえに、右の表の「○○の日」は、毎
日変わるのではなく、2日半ほどで切り替わります。

　月が星座から星座へと移動するタイミングが、切り替え
の時間です。この「切り替えの時間」はボイドタイムの終
了時間と同じです。

1. **スタートの日**：物事が新しく始まる日。
「仕切り直し」ができる、フレッシュな雰囲気の日。

2. **お金の日**：経済面・物質面で動きが起こりそうな日。
自分の手で何かを創り出せるかも。

3. **メッセージの日**：素敵なコミュニケーションが生まれる。
外出、勉強、対話の日。待っていた返信が来る。

4. **家の日**：身近な人や家族との関わりが豊かになる。
家事や掃除など、家の中のことをしたくなるかも。

5. **愛の日**：恋愛他、愛全般に追い風が吹く日。
好きなことができる。自分の時間を作れる。

6. **メンテナンスの日**：体調を整えるために休む人も。
調整や修理、整理整頓、実務などに力がこもる。

7. **人に会う日**：文字通り「人に会う」日。
人間関係が活性化する。「提出」のような場面も。

8. **プレゼントの日**：素敵なギフトを受け取れそう。
他人のアクションにリアクションするような日。

9. **旅の日**：遠出することになるか、または、
遠くから人が訪ねてくるかも。専門的学び。

10. **達成の日**：仕事や勉強など、頑張ってきたことについて、
何らかの結果が出るような日。到達。

11. **友だちの日**：交友関係が広がる、賑やかな日。
目指している夢や目標に一歩近づけるかも。

12. **ひみつの日**：自分一人の時間を持てる日。
自分自身としっかり対話できる。

### ◆太陽と月と星々が巡る「ハウス」のしくみ。

　前ページの、月の動きによる日々のテーマは「ハウス」というしくみによって読み取れます。

　「ハウス」は、「世俗のハウス」とも呼ばれる、人生や生活の様々なイベントを読み取る手法です。12星座の一つ一つを「部屋」に見立て、そこに星が出入りすることで、その時間に起こる出来事の意義やなりゆきを読み取ろうとするものです。

　自分の星座が「第1ハウス」で、そこから反時計回りに12まで数字を入れてゆくと、ハウスの完成です。

第1ハウス：「自分」のハウス
第2ハウス：「生産」のハウス
第3ハウス：「コミュニケーション」のハウス
第4ハウス：「家」のハウス
第5ハウス：「愛」のハウス
第6ハウス：「任務」のハウス
第7ハウス：「他者」のハウス
第8ハウス：「ギフト」のハウス
第9ハウス：「旅」のハウス
第10ハウス：「目標と結果」のハウス
第11ハウス：「夢と友」のハウス
第12ハウス：「ひみつ」のハウス

例：天秤座の人の場合

4　山羊座
3　射手座
2　蠍座
5　水瓶座
1　天秤座
6　魚座
12　乙女座
7　牡羊座
11　獅子座
8　牡牛座
9　双子座
10　蟹座

自分の星座が
第1ハウス

反時計回り

たとえば、今日の月が射手座に位置していたとすると、この日は「第3ハウスに月がある」ということになります。

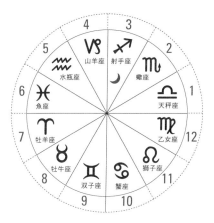

前々ページの「○○の日」の前に打ってある数字は、実はハウスを意味しています。「第3ハウスに月がある」日は、「3. メッセージの日」です。

太陽と月、水星から海王星までの惑星、そして準惑星の冥王星が、この12のハウスをそれぞれのスピードで移動していきます。「どの星がどのハウスにあるか」で、その時間のカラーやそのとき起こっていることの意味を、読み解くことができるのです。詳しくは『星読み＋2022〜2032年データ改訂版』(幻冬舎コミックス刊)、または『月で読むあしたの星占い』(すみれ書房刊)でどうぞ!

# 1 ·JANUARY·

**1** 月
ひみつの日
一人の時間。過去を振り返り、戦略を練る。自分を大事にする。

**2** 火
ひみつの日
一人の時間。過去を振り返り、戦略を練る。自分を大事にする。
◆水星が「コミュニケーション」のハウスで順行へ。コミュニケーションや勉強に関し、リズムが整っていく。

**3** 水
ひみつの日 ▶ スタートの日　　　　　　　　　　　[ボイド] 08:38～09:48
新しいことを始めやすい時間に切り替わる。

**4** 木
●スタートの日
主役の意識で動く。新しい選択肢を選べる。気持ちが切り替わる。
◆火星が「家」のハウスへ。居場所を「動かす」時期。環境変化、引越、家族との取り組み。

**5** 金
スタートの日 ▶ お金の日　　　　　　　　　　　[ボイド] 20:42～21:41
物質面・経済活動が活性化する時間に入る。

**6** 土
お金の日
いわゆる「金運がいい」日。実入りが良く、いい買い物もできそう。

**7** 日
お金の日
いわゆる「金運がいい」日。実入りが良く、いい買い物もできそう。

**8** 月
お金の日 ▶ メッセージの日　　　　　　　　　　[ボイド] 05:24～06:10
「動き」が出てくる。コミュニケーションの活性。

**9** 火
メッセージの日
待っていた朗報が届く。勉強が捗る。外に出たくなる日。

**10** 水
メッセージの日 ▶ 家の日　　　　　　　　　　　[ボイド] 03:26～10:35
生活環境や身内に目が向かう。原点回帰。

**11** 木
●家の日
「普段の生活」が充実。身内との関係強化。環境改善ができる。
●「家」のハウスで新月。心の置き場所が新たに定まる。日常に新しい風が吹き込む。

**12** 金
家の日 ▶ 愛の日　　　　　　　　　　　　　　　[ボイド] 11:35～12:03
愛の追い風が吹く。好きなことができる。

**13** 土
　　　　　　　　　　　　　　　　　　　　　　　[ボイド] 19:00～
愛について嬉しいことがある。子育て、趣味、創作にも追い風が。

**14** 日
愛の日 ▶ メンテナンスの日　　　　　　　　　　[ボイド] ～12:31
「やりたいこと」から「やるべきこと」へのシフト。
◆水星が「家」のハウスへ。来訪者。身近な人との対話。若々しい風が居場所に吹き込む。

**15** 月
メンテナンスの日
生活や心身の故障部分を修理できる。ケアしたり、されたり。

**16** 火
メンテナンスの日 ▶ 人に会う日　　　　　　　　[ボイド] 13:34～13:50
「自分の世界」から「外界」へ出るような節目。

| | | |
|---|---|---|
| **17** | 水 | 人に会う日<br>人に会ったり、会う約束をしたりする日。出会いの気配も。 |
| **18** | 木 | ◐人に会う日 ▶ プレゼントの日　　　　　　　　　　［ボイド］17:04〜17:14<br>他者との関係に、さらに一歩踏み込めるように。 |
| **19** | 金 | プレゼントの日<br>人から貴重なものを受け取れる。提案を受ける場面も。 |
| **20** | 土 | プレゼントの日 ▶ 旅の日　　　　　　　　　　　　［ボイド］22:59〜23:00<br>遠い場所との間に、橋が架かり始める。<br>◆太陽が「愛」のハウスへ。1年のサイクルの中で「愛・喜び・創造性」を再生するとき。 |
| **21** | 日 | 旅の日<br>遠出したり、遠くから人が訪ねてくれたりする日。発信力も増す。<br>◆冥王星が「愛」のハウスへ。ここから2043年頃にかけ、愛と創造的活動によって生まれ変われる。 |
| **22** | 月 | 旅の日<br>遠出したり、遠くから人が訪ねてくれたりする日。発信力も増す。 |
| **23** | 火 | 旅の日 ▶ 達成の日　　　　　　　　　　　　　　［ボイド］05:42〜06:52<br>意欲が湧く。はっきりした成果が出る時間へ。<br>◆金星が「家」のハウスへ。身近な人とのあたたかな交流。愛着。居場所を美しくする。 |
| **24** | 水 | 達成の日<br>目標に手が届く。結果が出る日。人から認められる場面も。 |
| **25** | 木 | 達成の日 ▶ 友だちの日　　　　　　　　　　　　［ボイド］08:00〜16:38<br>肩の力が抜け、伸びやかな気持ちになれる。 |
| **26** | 金 | ○友だちの日<br>未来のプランを立てる。友だちと過ごせる。チームワーク。<br>☽「夢と友」のハウスで満月。希望してきた条件が整う。友や仲間への働きかけが「実る」。 |
| **27** | 土 | 友だちの日　　　　　　　　　　　　　　　　　　［ボイド］06:21〜<br>未来のプランを立てる。友だちと過ごせる。チームワーク。<br>◆天王星が「ギフト」のハウスで順行へ。人に期待せず、人の心を開く働きかけをする。 |
| **28** | 日 | 友だちの日 ▶ ひみつの日　　　　　　　　　　　［ボイド］〜04:13<br>ざわめきから少し離れたくなる。自分の時間。 |
| **29** | 月 | ひみつの日<br>一人の時間。過去を振り返り、戦略を練る。自分を大事にする。 |
| **30** | 火 | ひみつの日 ▶ スタートの日　　　　　　　　　　［ボイド］08:22〜17:06<br>新しいことを始めやすい時間に切り替わる。 |
| **31** | 水 | スタートの日<br>主役の意識で動く。新しい選択肢を選べる。気持ちが切り替わる。 |

# 2 ・FEBRUARY・

**1** 木  スタートの日                                    [ボイド] 18:05〜
主役の意識で動く。新しい選択肢を選べる。気持ちが切り替わる。

**2** 金  スタートの日 ▶ お金の日                          [ボイド] 〜05:39
物質面・経済活動が活性化する時間に入る。

**3** 土  ◐お金の日
いわゆる「金運がいい」日。実入りが良く、いい買い物もできそう。

**4** 日  お金の日 ▶ メッセージの日                        [ボイド] 12:26〜15:30
「動き」が出てくる。コミュニケーションの活性。

**5** 月  メッセージの日
待っていた朗報が届く。勉強が捗る。外に出たくなる日。
◆水星が「愛」のハウスへ。愛に関する学び、教育。若々しい創造性、遊び。知的創造。

**6** 火  メッセージの日 ▶ 家の日                          [ボイド] 14:08〜21:10
生活環境や身内に目が向かう。原点回帰。

**7** 水  家の日
「普段の生活」が充実。身内との関係強化。環境改善ができる。

**8** 木  家の日 ▶ 愛の日                                  [ボイド] 16:54〜23:01
愛の追い風が吹く。好きなことができる。

**9** 金  愛の日
愛について嬉しいことがある。子育て、趣味、創作にも追い風が。

**10** 土  ●愛の日 ▶ メンテナンスの日                      [ボイド] 08:01〜22:44
「やりたいこと」から「やるべきこと」へのシフト。
☽「愛」のハウスで新月。愛が「生まれる」ようなタイミング。大切なものと結びつく。

**11** 日  メンテナンスの日
生活や心身の故障部分を修理できる。ケアしたり、されたり。

**12** 月  メンテナンスの日 ▶ 人に会う日                   [ボイド] 21:33〜22:27
「自分の世界」から「外界」へ出るような節目。

**13** 火  人に会う日
人に会ったり、会う約束をしたりする日。出会いの気配も。
◆火星が「愛」のハウスへ。情熱的な愛、積極的自己表現。愛と理想のための戦い。

**14** 水  人に会う日                                      [ボイド] 19:22〜
人に会ったり、会う約束をしたりする日。出会いの気配も。

**15** 木  人に会う日 ▶ プレゼントの日                     [ボイド] 〜00:04
他者との関係に、さらに一歩踏み込めるように。

**16** 金  プレゼントの日
人から貴重なものを受け取れる。提案を受ける場面も。

| | | |
|---|---|---|
| **17** 土 | ◐プレゼントの日 ▶ 旅の日 | ［ボイド］00:02〜04:41 |

**17** 土
◐プレゼントの日 ▶ 旅の日　　　　　　　　　　　［ボイド］00:02〜04:41
遠い場所との間に、橋が架かり始める。
◆金星が「愛」のハウスへ。華やかな愛の季節の始まり。創造的活動への強い追い風。

**18** 日
旅の日
遠出したり、遠くから人が訪ねてくれたりする日。発信力も増す。

**19** 月
旅の日 ▶ 達成の日　　　　　　　　　　　　　　［ボイド］12:22〜12:26
意欲が湧く。はっきりした成果が出る時間へ。
◆太陽が「任務」のハウスへ。1年のサイクルの中で「健康・任務・日常」を再構築するとき。

**20** 火
達成の日
目標に手が届く。結果が出る日。人から認められる場面も。

**21** 水
達成の日 ▶ 友だちの日　　　　　　　　　　　　［ボイド］15:39〜22:42
肩の力が抜け、伸びやかな気持になれる。

**22** 木
友だちの日
未来のプランを立てる。友だちと過ごせる。チームワーク。

**23** 金
友だちの日　　　　　　　　　　　　　　　　　　　［ボイド］13:19〜
未来のプランを立てる。友だちと過ごせる。チームワーク。
◆水星が「任務」のハウスへ。日常生活の整理、整備。健康チェック。心身の調律。

**24** 土
○友だちの日 ▶ ひみつの日　　　　　　　　　　　［ボイド］〜10:39
ざわめきから少し離れたくなる。自分の時間。
☽「ひみつ」のハウスで満月。時間をかけて治療してきた傷が癒える。自他を赦し赦される。

**25** 日
ひみつの日
一人の時間。過去を振り返り、戦略を練る。自分を大事にする。

**26** 月
ひみつの日 ▶ スタートの日　　　　　　　　　　　［ボイド］16:37〜23:31
新しいことを始めやすい時間に切り替わる。

**27** 火
スタートの日
主役の意識で動く。新しい選択肢を選べる。気持ちが切り替わる。

**28** 水
スタートの日　　　　　　　　　　　　　　　　　　　［ボイド］03:23〜
主役の意識で動く。新しい選択肢を選べる。気持ちが切り替わる。

**29** 木
スタートの日 ▶ お金の日　　　　　　　　　　　　［ボイド］〜12:11
物質面・経済活動が活性化する時間に入る。

# 3 ·MARCH·

| 1 | 金 | お金の日 |
| | | いわゆる「金運がいい」日。実入りが良く、いい買い物もできそう。 |

| 2 | 土 | お金の日 ▶ メッセージの日　　　　　　　　　　　　　　　[ボイド] 16:49～22:58 |
| | | 「動き」が出てくる。コミュニケーションの活性。 |

| 3 | 日 | メッセージの日 |
| | | 待っていた朗報が届く。勉強が捗る。外に出たくなる日。 |

| 4 | 月 | ◐メッセージの日 |
| | | 待っていた朗報が届く。勉強が捗る。外に出たくなる日。 |

| 5 | 火 | メッセージの日 ▶ 家の日　　　　　　　　　　　　　　　　[ボイド] 00:42～06:17 |
| | | 生活環境や身内に目が向かう。原点回帰。 |

| 6 | 水 | 家の日 |
| | | 「普段の生活」が充実。身内との関係強化。環境改善ができる。 |

| 7 | 木 | 家の日 ▶ 愛の日　　　　　　　　　　　　　　　　　　　[ボイド] 04:37～09:40 |
| | | 愛の追い風が吹く。好きなことができる。 |

| 8 | 金 | 愛の日 |
| | | 愛について嬉しいことがある。子育て、趣味、創作にも追い風が。 |

| 9 | 土 | 愛の日 ▶ メンテナンスの日　　　　　　　　　　　　　　[ボイド] 03:57～10:05 |
| | | 「やりたいこと」から「やるべきこと」へのシフト。 |

| 10 | 日 | ●メンテナンスの日 |
| | | 生活や心身の故障部分を修理できる。ケアしたり、されたり。 |
| | | ◆水星が「他者」のハウスへ。正面から向き合う対話。調整のための交渉。若い人との出会い。☽「任務」のハウスで新月。新しい生活習慣、新しい任務がスタートするとき。体調の調整。 |

| 11 | 月 | メンテナンスの日 ▶ 人に会う日　　　　　　　　　　　　[ボイド] 04:47～09:21 |
| | | 「自分の世界」から「外界」へ出るような節目。 |

| 12 | 火 | 人に会う日　　　　　　　　　　　　　　　　　　　　　[ボイド] 20:10～ |
| | | 人に会ったり、会う約束をしたりする日。出会いの気配も。 |
| | | ◆金星が「任務」のハウスへ。美しい生活スタイルの実現。美のための習慣。楽しい仕事。 |

| 13 | 水 | 人に会う日 ▶ プレゼントの日　　　　　　　　　　　　　[ボイド] ～09:30 |
| | | 他者との関係に、さらに一歩踏み込めるように。 |

| 14 | 木 | プレゼントの日 |
| | | 人から貴重なものを受け取れる。提案を受ける場面も。 |

| 15 | 金 | プレゼントの日 ▶ 旅の日　　　　　　　　　　　　　　　[ボイド] 07:31～12:17 |
| | | 遠い場所との間に、橋が架かり始める。 |

| 16 | 土 | 旅の日 |
| | | 遠出したり、遠くから人が訪ねてくれたりする日。発信力も増す。 |

| 17 | 日 | ◑旅の日 ▶ 達成の日　　　　　　　　　　　　　　　　　[ボイド] 13:45～18:42 |
| | | 意欲が湧く。はっきりした成果が出る時間へ。 |

| 18 | 月 | 達成の日 |
|---|---|---|
| | | 目標に手が届く。結果が出る日。人から認められる場面も。 |

| 19 | 火 | 達成の日 |
|---|---|---|
| | | 目標に手が届く。結果が出る日。人から認められる場面も。 |

| 20 | 水 | 達成の日 ▶ 友だちの日　　　　　　　　　[ボイド] 03:54～04:34 |
|---|---|---|
| | | 肩の力が抜け、伸びやかな気持ちになれる。<br>◆太陽が「他者」のハウスへ。1年のサイクルの中で人間関係を「結び直す」とき。 |

| 21 | 木 | 友だちの日 |
|---|---|---|
| | | 未来のプランを立てる。友だちと過ごせる。チームワーク。 |

| 22 | 金 | 友だちの日 ▶ ひみつの日　　　　　　　　[ボイド] 15:36～16:43 |
|---|---|---|
| | | ざわめきから少し離れたくなる。自分の時間。 |

| 23 | 土 | ひみつの日 |
|---|---|---|
| | | 一人の時間。過去を振り返り、戦略を練る。自分を大事にする。<br>◆火星が「任務」のハウスへ。多忙期へ。長く走り続けるための必要条件を、戦って勝ち取る。 |

| 24 | 日 | ひみつの日 |
|---|---|---|
| | | 一人の時間。過去を振り返り、戦略を練る。自分を大事にする。 |

| 25 | 月 | ○ひみつの日 ▶ スタートの日　　　　　　[ボイド] 00:51～05:39 |
|---|---|---|
| | | 新しいことを始めやすい時間に切り替わる。<br>☽「自分」のハウスで月食。時が満ちて、不思議な「羽化・変身」を遂げられるとき。 |

| 26 | 火 | スタートの日 |
|---|---|---|
| | | 主役の意識で動く。新しい選択肢を選べる。気持ちが切り替わる。 |

| 27 | 水 | スタートの日 ▶ お金の日　　　　　　　　[ボイド] 08:11～18:04 |
|---|---|---|
| | | 物質面・経済活動が活性化する時間に入る。 |

| 28 | 木 | お金の日 |
|---|---|---|
| | | いわゆる「金運がいい」日。実入りが良く、いい買い物もできそう。 |

| 29 | 金 | お金の日 |
|---|---|---|
| | | いわゆる「金運がいい」日。実入りが良く、いい買い物もできそう。 |

| 30 | 土 | お金の日 ▶ メッセージの日　　　　　　　[ボイド] 00:41～04:53 |
|---|---|---|
| | | 「動き」が出てくる。コミュニケーションの活性。 |

| 31 | 日 | メッセージの日 |
|---|---|---|
| | | 待っていた朗報が届く。勉強が捗る。外に出たくなる日。 |

# 4 ·APRIL·

**1** 月 メッセージの日 ▶ 家の日 　　　　　　　　　　　[ボイド] 09:18〜13:07
生活環境や身内に目が向かう。原点回帰。

**2** 火 ◐家の日
「普段の生活」が充実。身内との関係強化。環境改善ができる。
◆水星が「他者」のハウスで逆行開始。人間関係の復活、再会。迷路を抜けて人に会う。

**3** 水 家の日 ▶ 愛の日 　　　　　　　　　　　　　[ボイド] 14:42〜18:09
愛の追い風が吹く。好きなことができる。

**4** 木 愛の日
愛について嬉しいことがある。子育て、趣味、創作にも追い風が。

**5** 金 愛の日 ▶ メンテナンスの日 　　　　　　　　　[ボイド] 14:41〜20:14
「やりたいこと」から「やるべきこと」へのシフト。
◆金星が「他者」のハウスへ。人間関係から得られる喜び。愛あるパートナーシップ。

**6** 土 メンテナンスの日
生活や心身の故障部分を修理できる。ケアしたり、されたり。

**7** 日 メンテナンスの日 ▶ 人に会う日 　　　　　　　[ボイド] 17:29〜20:26
「自分の世界」から「外界」へ出るような節目。

**8** 月 人に会う日
人に会ったり、会う約束をしたりする日。出会いの気配も。

**9** 火 ●人に会う日 ▶ プレゼントの日 　　　　　　　[ボイド] 11:40〜20:25
他者との関係に、さらに一歩踏み込めるように。
☽「他者」のハウスで日食。誰かとの一対一の関係が、ミラクルな「再生」を遂げる。

**10** 水 プレゼントの日
人から貴重なものを受け取れる。提案を受ける場面も。

**11** 木 プレゼントの日 ▶ 旅の日 　　　　　　　　　　[ボイド] 19:06〜22:00
遠い場所との間に、橋が架かり始める。

**12** 金 旅の日
遠出したり、遠くから人が訪ねてくれたりする日。発信力も増す。

**13** 土 旅の日 　　　　　　　　　　　　　　　　　　[ボイド] 23:48〜
遠出したり、遠くから人が訪ねてくれたりする日。発信力も増す。

**14** 日 旅の日 ▶ 達成の日 　　　　　　　　　　　　　[ボイド] 〜02:47
意欲が湧く。はっきりした成果が出る時間へ。

**15** 月 達成の日
目標に手が届く。結果が出る日。人から認められる場面も。

**16** 火 ◐達成の日 ▶ 友だちの日 　　　　　　　　　　[ボイド] 08:24〜11:26
肩の力が抜け、伸びやかな気持ちになれる。

| 17 水 | 友だちの日<br>未来のプランを立てる。友だちと過ごせる。チームワーク。 |
|---|---|

**17 水** 友だちの日
未来のプランを立てる。友だちと過ごせる。チームワーク。

**18 木** 友だちの日 ▶ ひみつの日　　　　　　　　　[ボイド] 21:04〜23:12
ざわめきから少し離れたくなる。自分の時間。

**19 金** ひみつの日
一人の時間。過去を振り返り、戦略を練る。自分を大事にする。
◆太陽が「ギフト」のハウスへ。1年のサイクルの中で経済的授受のバランスを見直すとき。

**20 土** ひみつの日
一人の時間。過去を振り返り、戦略を練る。自分を大事にする。

**21 日** ひみつの日 ▶ スタートの日　　　　　　　　[ボイド] 09:21〜12:10
新しいことを始めやすい時間に切り替わる。

**22 月** スタートの日
主役の意識で動く。新しい選択肢を選べる。気持ちが切り替わる。

**23 火** スタートの日　　　　　　　　　　　　　　[ボイド] 08:26〜
主役の意識で動く。新しい選択肢を選べる。気持ちが切り替わる。

**24 水** ○ スタートの日 ▶ お金の日　　　　　　　　[ボイド] 〜00:21
物質面・経済活動が活性化する時間に入る。
☽「生産」のハウスで満月。経済的・物質的な努力が実り、収穫が得られる。豊かさ、満足。

**25 木** お金の日
いわゆる「金運がいい」日。実入りが良く、いい買い物もできそう。
◆水星が「他者」のハウスで順行へ。人間関係に関する混乱からの回復、前進。相互理解。

**26 金** お金の日 ▶ メッセージの日　　　　　　　　[ボイド] 08:18〜10:39
「動き」が出てくる。コミュニケーションの活性。

**27 土** メッセージの日
待っていた朗報が届く。勉強が捗る。外に出たくなる日。

**28 日** メッセージの日 ▶ 家の日　　　　　　　　　[ボイド] 16:33〜18:39
生活環境や身内に目が向かう。原点回帰。

**29 月** 家の日
「普段の生活」が充実。身内との関係強化。環境改善ができる。
◆金星が「ギフト」のハウスへ。欲望の解放と調整、他者への要求、他者からの要求。甘え。

**30 火** 家の日
「普段の生活」が充実。身内との関係強化。環境改善ができる。

# 5 ·MAY·

| 1 水 | ◗家の日 ▶ 愛の日 　　　　　　　　　　　　　　　　　　[ボイド] 00:20〜00:21 |
|---|---|
| | 愛の追い風が吹く。好きなことができる。<br>◆火星が「他者」のハウスへ。摩擦を怖れぬ対決。一対一の勝負。<br>攻めの交渉。他者からの刺激。 |

| 2 木 | 愛の日 　　　　　　　　　　　　　　　　　　　　　　[ボイド] 18:30〜 |
|---|---|
| | 愛について嬉しいことがある。子育て、趣味、創作にも追い風か。 |

| 3 金 | 愛の日 ▶ メンテナンスの日 　　　　　　　　　　　　　　[ボイド] 〜03:53 |
|---|---|
| | 「やりたいこと」から「やるべきこと」へのシフト。<br>◆冥王星が「愛」のハウスで逆行開始。愛に何を求めているのか、<br>問い直す時期へ。 |

| 4 土 | メンテナンスの日 |
|---|---|
| | 生活や心身の故障部分を修理できる。ケアしたり、されたり。 |

| 5 日 | メンテナンスの日 ▶ 人に会う日 　　　　　　　　　　[ボイド] 04:08〜05:42 |
|---|---|
| | 「自分の世界」から「外界」へ出るような節目。 |

| 6 月 | 人に会う日 　　　　　　　　　　　　　　　　　　　　[ボイド] 14:59〜 |
|---|---|
| | 人に会ったり、会う約束をしたりする日。出会いの気配も。 |

| 7 火 | 人に会う日 ▶ プレゼントの日 　　　　　　　　　　　　[ボイド] 〜06:44 |
|---|---|
| | 他者との関係に、さらに一歩踏み込めるように。 |

| 8 水 | ●プレゼントの日 |
|---|---|
| | 人から貴重なものを受け取れる。提案を受ける場面も。<br>◗「ギフト」のハウスで新月。心の扉を開く。誰かに導かれての経験。<br>ギフトから始まること。 |

| 9 木 | プレゼントの日 ▶ 旅の日 　　　　　　　　　　　　　[ボイド] 06:57〜08:22 |
|---|---|
| | 遠い場所との間に、橋が架かり始める。 |

| 10 金 | 旅の日 |
|---|---|
| | 遠出したり、遠くから人が訪ねてくれたりする日。発信力も増す。 |

| 11 土 | 旅の日 ▶ 達成の日 　　　　　　　　　　　　　　　[ボイド] 10:51〜12:15 |
|---|---|
| | 意欲が湧く。はっきりした成果が出る時間へ。 |

| 12 日 | 達成の日 |
|---|---|
| | 目標に手が届く。結果が出る日。人から認められる場面も。 |

| 13 月 | 達成の日 ▶ 友だちの日 　　　　　　　　　　　　　[ボイド] 18:14〜19:38 |
|---|---|
| | 肩の力が抜け、伸びやかな気持ちになれる。 |

| 14 火 | 友だちの日 |
|---|---|
| | 未来のプランを立てる。友だちと過ごせる。チームワーク。 |

| 15 水 | ◖友だちの日 |
|---|---|
| | 未来のプランを立てる。友だちと過ごせる。チームワーク。 |

| 16 木 | 友だちの日 ▶ ひみつの日 　　　　　　　　　　　[ボイド] 01:42〜06:34 |
|---|---|
| | ざわめきから少し離れたくなる。自分の時間。<br>◆水星が「ギフト」のハウスへ。利害のマネジメント。コンサルテー<br>ション。カウンセリング。 |

**17** 金 *ひみつの日*
一人の時間。過去を振り返り、戦略を練る。自分を大事にする。

**18** 土 *ひみつの日 ▶ スタートの日* [ボイド] 18:10〜19:24
新しいことを始めやすい時間に切り替わる。

**19** 日 *スタートの日*
主役の意識で動く。新しい選択肢を選べる。気持ちが切り替わる。

**20** 月 *スタートの日* [ボイド] 00:50〜
主役の意識で動く。新しい選択肢を選べる。気持ちが切り替わる。
◆太陽が「旅」のハウスへ。1年のサイクルの中で「精神的成長」を確認するとき。

**21** 火 *スタートの日 ▶ お金の日* [ボイド] 〜07:36
物質面・経済活動が活性化する時間に入る。

**22** 水 *お金の日*
いわゆる「金運がいい」日。実入りが良く、いい買い物もできそう。

**23** 木 ○*お金の日 ▶ メッセージの日* [ボイド] 16:30〜17:26
「動き」が出てくる。コミュニケーションの活性。
○「コミュニケーション」のハウスで満月。重ねてきた勉強や対話が実を結ぶとき。意思疎通が叶う。

**24** 金 *メッセージの日*
待っていた朗報が届く。勉強が捗る。外に出たくなる日。
◆金星が「旅」のハウスへ。楽しい旅の始まり、旅の仲間。研究の果実。距離を越える愛。

**25** 土 *メッセージの日* [ボイド] 23:49〜
待っていた朗報が届く。勉強が捗る。外に出たくなる日。

**26** 日 *メッセージの日 ▶ 家の日* [ボイド] 〜00:37
生活環境や身内に目が向かう。原点回帰。
◆木星が「旅」のハウスへ。ここから1年ほどかけた「旅」の始まり。学び始める人も。

**27** 月 *家の日*
「普段の生活」が充実。身内との関係強化。環境改善ができる。

**28** 火 *家の日 ▶ 愛の日* [ボイド] 05:04〜05:46
愛の追い風が吹く。好きなことができる。

**29** 水 *愛の日* [ボイド] 23:22〜
愛について嬉しいことがある。子育て、趣味、創作にも追い風が。

**30** 木 *愛の日 ▶ メンテナンスの日* [ボイド] 〜09:34
「やりたいこと」から「やるべきこと」へのシフト。

**31** 金 ●*メンテナンスの日*
生活や心身の故障部分を修理できる。ケアしたり、されたり。

# 6 ·JUNE·

| 1 | 土 | メンテナンスの日 ▶ 人に会う日 [ボイド] 11:56〜12:30<br>「自分の世界」から「外界」へ出るような節目。 |
|---|---|---|
| 2 | 日 | 人に会う日<br>人に会ったり、会う約束をしたりする日。出会いの気配も。 |
| 3 | 月 | 人に会う日 ▶ プレゼントの日 [ボイド] 07:05〜14:57<br>他者との関係に、さらに一歩踏み込めるように。<br>◆水星が「旅」のハウスへ。軽やかな旅立ち。勉強や研究に追い風が。導き手に恵まれる。 |
| 4 | 火 | プレゼントの日<br>人から貴重なものを受け取れる。提案を受ける場面も。 |
| 5 | 水 | プレゼントの日 ▶ 旅の日 [ボイド] 17:11〜17:38<br>遠い場所との間に、橋が架かり始める。 |
| 6 | 木 | ●旅の日<br>遠出したり、遠くから人が訪ねてくれたりする日。発信力も増す。<br>☽「旅」のハウスで新月。旅に出発する。専門分野を開拓し始める。矢文を放つ。 |
| 7 | 金 | 旅の日 ▶ 達成の日 [ボイド] 21:17〜21:43<br>意欲が湧く。はっきりした成果が出る時間へ。 |
| 8 | 土 | 達成の日<br>目標に手が届く。結果が出る日。人から認められる場面も。 |
| 9 | 日 | 達成の日<br>目標に手が届く。結果が出る日。人から認められる場面も。<br>◆火星が「ギフト」のハウスへ。誘惑と情熱の呼応。生命の融合。精神的支配。負債の解消。 |
| 10 | 月 | 達成の日 ▶ 友だちの日 [ボイド] 04:07〜04:30<br>肩の力が抜け、伸びやかな気持ちになれる。 |
| 11 | 火 | 友だちの日<br>未来のプランを立てる。友だちと過ごせる。チームワーク。 |
| 12 | 水 | 友だちの日 ▶ ひみつの日 [ボイド] 04:18〜14:40<br>ざわめきから少し離れたくなる。自分の時間。 |
| 13 | 木 | ひみつの日<br>一人の時間。過去を振り返り、戦略を練る。自分を大事にする。 |
| 14 | 金 | ◑ひみつの日<br>一人の時間。過去を振り返り、戦略を練る。自分を大事にする。 |
| 15 | 土 | ひみつの日 ▶ スタートの日 [ボイド] 02:55〜03:14<br>新しいことを始めやすい時間に切り替わる。 |
| 16 | 日 | スタートの日<br>主役の意識で動く。新しい選択肢を選べる。気持ちが切り替わる。 |

| | | |
|---|---|---|
| **17** | 月 | スタートの日 ▶ お金の日　　　　　　　　　　　　　　［ボイド］15:06〜15:40<br>物質面・経済活動が活性化する時間に入る。<br>◆金星が「目標と結果」のハウスへ。目標達成と勲章。気軽に掴めるチャンス。嬉しい配役。◆水星が「目標と結果」のハウスへ。ここから忙しくなる。新しい課題、ミッション、使命。 |
| **18** | 火 | お金の日<br>いわゆる「金運がいい」日。実入りが良く、いい買い物もできそう。 |
| **19** | 水 | お金の日<br>いわゆる「金運がいい」日。実入りが良く、いい買い物もできそう。 |
| **20** | 木 | お金の日 ▶ メッセージの日　　　　　　　　　　　　　［ボイド］01:21〜01:33<br>「動き」が出てくる。コミュニケーションの活性。 |
| **21** | 金 | メッセージの日<br>待っていた朗報が届く。勉強が捗る。外に出たくなる日。<br>◆太陽が「目標と結果」のハウスへ。1年のサイクルの中で「目標と達成」を確認するとき。 |
| **22** | 土 | ○ メッセージの日 ▶ 家の日　　　　　　　　　　　　　［ボイド］08:00〜08:10<br>生活環境や身内に目が向かう。原点回帰。<br>☽「家」のハウスで満月。居場所が「定まる」。身近な人との間で「心満ちる」とき。 |
| **23** | 日 | 家の日<br>「普段の生活」が充実。身内との関係強化。環境改善ができる。 |
| **24** | 月 | 愛の日　　　　　　　　　　　　　　　　　　　　　　［ボイド］12:07〜12:16<br>愛の追い風が吹く。好きなことができる。 |
| **25** | 火 | 愛の日<br>愛について嬉しいことがある。子育て、趣味、創作にも追い風が。 |
| **26** | 水 | 愛の日 ▶ メンテナンスの日　　　　　　　　　　　　　［ボイド］07:31〜15:09<br>「やりたいこと」から「やるべきこと」へのシフト。 |
| **27** | 木 | メンテナンスの日<br>生活や心身の故障部分を修理できる。ケアしたり、されたり。 |
| **28** | 金 | メンテナンスの日 ▶ 人に会う日　　　　　　　　　　　［ボイド］17:46〜17:54<br>「自分の世界」から「外界」へ出るような節目。 |
| **29** | 土 | ◑ 人に会う日<br>人に会ったり、会う約束をしたりする日。出会いの気配も。 |
| **30** | 日 | 人に会う日 ▶ プレゼントの日　　　　　　　　　　　　［ボイド］13:58〜21:02<br>他者との関係に、さらに一歩踏み込めるように。<br>◆土星が「任務」のハウスで逆行開始。責任感や自立心を少し緩めて、時間をゆったり使う。 |

# 7 ·JULY·

| | | |
|---|---|---|
| **1** | 月 | プレゼントの日<br>人から貴重なものを受け取れる。提案を受ける場面も。 |
| **2** | 火 | プレゼントの日<br>人から貴重なものを受け取れる。提案を受ける場面も。<br>◆海王星が「任務」のハウスで逆行開始。体と心のコンディションの複雑な繋がりを意識する。◆水星が「夢と友」のハウスへ。仲間に恵まれる爽やかな季節。友と夢を語れる。新しい計画。 |
| **3** | 水 | プレゼントの日 ▶ 旅の日　　　　　　　　　　[ボイド] 00:45〜00:52<br>遠い場所との間に、橋が架かり始める。 |
| **4** | 木 | 旅の日<br>遠出したり、遠くから人が訪ねてくれたりする日。発信力も増す。 |
| **5** | 金 | 旅の日 ▶ 達成の日　　　　　　　　　　　　[ボイド] 05:45〜05:53<br>意欲が湧く。はっきりした成果が出る時間へ。 |
| **6** | 土 | ●達成の日<br>目標に手が届く。結果が出る日。人から認められる場面も。<br>☽「目標と結果」のハウスで新月。新しいミッションがスタートするとき。目的意識が定まる。 |
| **7** | 日 | 達成の日 ▶ 友だちの日　　　　　　　　　　[ボイド] 12:49〜12:57<br>肩の力が抜け、伸びやかな気持になれる。 |
| **8** | 月 | 友だちの日<br>未来のプランを立てる。友だちと過ごせる。チームワーク。 |
| **9** | 火 | 友だちの日 ▶ ひみつの日　　　　　　　　　[ボイド] 15:05〜22:49<br>ざわめきから少し離れたくなる。自分の時間。 |
| **10** | 水 | ひみつの日<br>一人の時間。過去を振り返り、戦略を練る。自分を大事にする。 |
| **11** | 木 | ひみつの日<br>一人の時間。過去を振り返り、戦略を練る。自分を大事にする。 |
| **12** | 金 | ひみつの日 ▶ スタートの日　　　　　　　　[ボイド] 10:57〜11:08<br>新しいことを始めやすい時間に切り替わる。<br>◆金星が「夢と友」のハウスへ。友や仲間との交流が華やかに。「恵み」を受け取れる。 |
| **13** | 土 | スタートの日<br>主役の意識で動く。新しい選択肢を選べる。気持ちが切り替わる。 |
| **14** | 日 | スタートの日 ▶ お金の日　　　　　　　　　[ボイド] 07:50〜23:54<br>物質面・経済活動が活性化する時間に入る。 |
| **15** | 月 | お金の日<br>いわゆる「金運がいい」日。実入りが良く、いい買い物もできそう。 |
| **16** | 火 | お金の日<br>いわゆる「金運がいい」日。実入りが良く、いい買い物もできそう。 |

| 17 | 水 | お金の日 ▶ メッセージの日 [ボイド] 10:12〜10:26<br>「動き」が出てくる。コミュニケーションの活性。 |
|---|---|---|

| 18 | 木 | メッセージの日<br>待っていた朗報が届く。勉強が捗る。外に出たくなる日。 |
|---|---|---|

| 19 | 金 | メッセージの日 ▶ 家の日 [ボイド] 17:00〜17:15<br>生活環境や身内に目が向かう。原点回帰。 |
|---|---|---|

| 20 | 土 | 家の日<br>「普段の生活」が充実。身内との関係強化。環境改善ができる。 |
|---|---|---|

| 21 | 日 | ○家の日 ▶ 愛の日 [ボイド] 20:28〜20:45<br>愛の追い風が吹く。好きなことができる。<br>◆火星が「旅」のハウスへ。ここから「遠征」「挑戦の旅」に出発する人も。学びへの情熱。☽「家」のハウスで満月。居場所が「定まる」。身近な人との間で「心満ちる」とき。 |
|---|---|---|

| 22 | 月 | 愛の日<br>愛について嬉しいことがある。子育て、趣味、創作にも追い風が。<br>◆太陽が「夢と友」のハウスへ。1年のサイクルの中で「友」「未来」に目を向ける季節へ。 |
|---|---|---|

| 23 | 火 | 愛の日 ▶ メンテナンスの日 [ボイド] 19:00〜22:25<br>「やりたいこと」から「やるべきこと」へのシフト。 |
|---|---|---|

| 24 | 水 | メンテナンスの日<br>生活や心身の故障部分を修理できる。ケアしたり、されたり。 |
|---|---|---|

| 25 | 木 | メンテナンスの日 ▶ 人に会う日 [ボイド] 23:33〜23:54<br>「自分の世界」から「外界」へ出るような節目。 |
|---|---|---|

| 26 | 金 | 人に会う日<br>人に会ったり、会う約束をしたりする日。出会いの気配も。<br>◆水星が「ひみつ」のハウスへ。思考が深まる。思索、瞑想、誰かのための勉強。記録の精査。 |
|---|---|---|

| 27 | 土 | 人に会う日 [ボイド] 07:16〜<br>人に会ったり、会う約束をしたりする日。出会いの気配も。 |
|---|---|---|

| 28 | 日 | ☽人に会う日 ▶ プレゼントの日 [ボイド] 〜02:24<br>他者との関係に、さらに一歩踏み込めるように。 |
|---|---|---|

| 29 | 月 | プレゼントの日<br>人から貴重なものを受け取れる。提案を受ける場面も。 |
|---|---|---|

| 30 | 火 | プレゼントの日 ▶ 旅の日 [ボイド] 06:01〜06:29<br>遠い場所との間に、橋が架かり始める。 |
|---|---|---|

| 31 | 水 | 旅の日<br>遠出したり、遠くから人が訪ねてくれたりする日。発信力も増す。 |
|---|---|---|

# 8 ・AUGUST・

**1** 木
旅の日 ▶ 達成の日　　　　　　　　　　　　　　　　［ボイド］11:48〜12:21
意欲が湧く。はっきりした成果が出る時間へ。

**2** 金
達成の日
目標に手が届く。結果が出る日。人から認められる場面も。

**3** 土
達成の日 ▶ 友だちの日　　　　　　　　　　　　　　　［ボイド］19:33〜20:11
肩の力が抜け、伸びやかな気持ちになれる。

**4** 日
●友だちの日
未来のプランを立てる。友だちと過ごせる。チームワーク。
☽「夢と友」のハウスで新月。新しい仲間や友に出会えるとき。夢が生まれる。迷いが晴れる。

**5** 月
友だちの日
未来のプランを立てる。友だちと過ごせる。チームワーク。
◆金星が「ひみつ」のハウスへ。これ以降、純粋な愛情から行動できる。一人の時間の充実も。◆水星が「ひみつ」のハウスで逆行開始。自問自答を重ねて、謎を解いていく。自己との対話。

**6** 火
友だちの日 ▶ ひみつの日　　　　　　　　　　　　　　［ボイド］00:18〜06:18
ざわめきから少し離れたくなる。自分の時間。

**7** 水
ひみつの日
一人の時間。過去を振り返り、戦略を練る。自分を大事にする。

**8** 木
ひみつの日 ▶ スタートの日　　　　　　　　　　　　　［ボイド］17:42〜18:33
新しいことを始めやすい時間に切り替わる。

**9** 金
スタートの日
主役の意識で動く。新しい選択肢を選べる。気持ちが切り替わる。

**10** 土
スタートの日　　　　　　　　　　　　　　　　　　　　［ボイド］06:46〜
主役の意識で動く。新しい選択肢を選べる。気持ちが切り替わる。

**11** 日
スタートの日 ▶ お金の日　　　　　　　　　　　　　　［ボイド］〜07:35
物質面・経済活動が活性化する時間に入る。

**12** 月
お金の日
いわゆる「金運がいい」日。実入りが良く、いい買い物もできそう。

**13** 火
◑お金の日 ▶ メッセージの日　　　　　　　　　　　　［ボイド］18:03〜19:02
「動き」が出てくる。コミュニケーションの活性。

**14** 水
メッセージの日
待っていた朗報が届く。勉強が捗る。外に出たくなる日。

**15** 木
メッセージの日
待っていた朗報が届く。勉強が捗る。外に出たくなる日。
◆逆行中の水星が「夢と友」のハウスへ。旧友との再会が叶う。古い夢を「再生」できるとき。

**16** 金
メッセージの日 ▶ 家の日　　　　　　　　　　　　　　［ボイド］01:54〜02:53
生活環境や身内に目が向かう。原点回帰。

| | | |
|---|---|---|
| **17** | 土 | 家の日<br>「普段の生活」が充実。身内との関係強化。環境改善ができる。 |
| **18** | 日 | 家の日 ▶ 愛の日　　　　　　　　　　　　　　　　[ボイド] 05:45〜06:46<br>愛の追い風が吹く。好きなことができる。 |
| **19** | 月 | 愛の日<br>愛について嬉しいことがある。子育て、趣味、創作にも追い風が。 |
| **20** | 火 | ○愛の日 ▶ メンテナンスの日　　　　　　　　　　[ボイド] 03:27〜07:53<br>「やりたいこと」から「やるべきこと」へのシフト。<br>🌕「愛」のハウスで満月。愛が「満ちる」「実る」とき。クリエイティブな作品の完成。 |
| **21** | 水 | メンテナンスの日<br>生活や心身の故障部分を修理できる。ケアしたり、されたり。 |
| **22** | 木 | メンテナンスの日 ▶ 人に会う日　　　　　　　　　[ボイド] 06:56〜08:03<br>「自分の世界」から「外界」へ出るような節目。<br>◆太陽が「ひみつ」のハウスへ。新しい1年を目前にしての、振り返りと準備の時期。 |
| **23** | 金 | 人に会う日　　　　　　　　　　　　　　　　　　[ボイド] 21:46〜<br>人に会ったり、会う約束をしたりする日。出会いの気配も。 |
| **24** | 土 | 人に会う日 ▶ プレゼントの日　　　　　　　　　　[ボイド] 〜09:02<br>他者との関係に、さらに一歩踏み込めるように。 |
| **25** | 日 | プレゼントの日<br>人から貴重なものを受け取れる。提案を受ける場面も。 |
| **26** | 月 | ◑プレゼントの日 ▶ 旅の日　　　　　　　　　　　[ボイド] 10:42〜12:06<br>遠い場所との間に、橋が架かり始める。 |
| **27** | 火 | 旅の日<br>遠出したり、遠くから人が訪ねてくれたりする日。発信力も増す。 |
| **28** | 水 | 旅の日 ▶ 達成の日　　　　　　　　　　　　　　　[ボイド] 16:15〜17:49<br>意欲が湧く。はっきりした成果が出る時間へ。 |
| **29** | 木 | 達成の日<br>目標に手が届く。結果が出る日。人から認められる場面も。<br>◆水星が「夢と友」のハウスで順行へ。交友関係の正常化、ネットワーク拡大の動きが再展開する。◆金星が「自分」のハウスに。あなたの魅力が輝く季節の到来。愛に恵まれる楽しい日々へ。 |
| **30** | 金 | 達成の日<br>目標に手が届く。結果が出る日。人から認められる場面も。 |
| **31** | 土 | 達成の日 ▶ 友だちの日　　　　　　　　　　　　　[ボイド] 00:26〜02:11<br>肩の力が抜け、伸びやかな気持ちになれる。 |

# 9 ·SEPTEMBER·

| | | |
|---|---|---|
| **1** | 日 | 友だちの日<br>未来のプランを立てる。友だちと過ごせる。チームワーク。 |

**2** 月
友だちの日 ▶ ひみつの日　　　　　　　　　　　　[ボイド] 09:27～12:50
ざわめきから少し離れたくなる。自分の時間。
◆天王星が「ギフト」のハウスで逆行開始。自立や依存への見方を
変えるプロセスへ。◆逆行中の冥王星が「家」のハウスへ。2008年
頃からの「居場所の再生」のプロセスを振り返る時間に入る。

**3** 火
●ひみつの日
一人の時間。過去を振り返り、戦略を練る。自分を大事にする。
☽「ひみつ」のハウスで新月。密かな迷いから解放される。自他を
救うための行動を起こす。

**4** 水
ひみつの日
一人の時間。過去を振り返り、戦略を練る。自分を大事にする。

**5** 木
ひみつの日 ▶ スタートの日　　　　　　　　　　　　[ボイド] 01:08～01:13
新しいことを始めやすい時間に切り替わる。
◆火星が「目標と結果」のハウスへ。キャリアや社会的立場における
「勝負」の季節へ。挑戦の時間。

**6** 金
スタートの日
主役の意識で動く。新しい選択肢を選べる。気持ちが切り替わる。

**7** 土
スタートの日 ▶ お金の日　　　　　　　　　　　　[ボイド] 14:10～14:20
物質面・経済活動が活性化する時間に入る。

**8** 日
お金の日
いわゆる「金運がいい」日。実入りが良く、いい買い物もできそう。

**9** 月
お金の日
いわゆる「金運がいい」日。実入りが良く、いい買い物もできそう。
◆再び水星が「ひみつ」のハウスへ。自分の考えを静かに育てられ
る環境が整う。熟考。

**10** 火
お金の日 ▶ メッセージの日　　　　　　　　　　　　[ボイド] 02:13～02:27
「動き」が出てくる。コミュニケーションの活性。

**11** 水
◑メッセージの日
待っていた朗報が届く。勉強が捗る。外に出たくなる日。

**12** 木
メッセージの日 ▶ 家の日　　　　　　　　　　　　[ボイド] 09:22～11:39
生活環境や身内に目が向かう。原点回帰。

**13** 金
家の日
「普段の生活」が充実。身内との関係強化。環境改善ができる。

**14** 土
家の日 ▶ 愛の日　　　　　　　　　　　　[ボイド] 16:36～16:55
愛の追い風が吹く。好きなことができる。

**15** 日
愛の日
愛について嬉しいことがある。子育て、趣味、創作にも追い風が。

**16** 月　愛の日 ▶ メンテナンスの日
「やりたいこと」から「やるべきこと」へのシフト。

**17** 火　メンテナンスの日
生活や心身の故障部分を修理できる。ケアしたり、されたり。

**18** 水　○メンテナンスの日 ▶ 人に会う日　[ボイド] 18:04〜18:26
「自分の世界」から「外界」へ出るような節目。
☽「任務」のハウスで月食。体調や労働が一つのピークを迎えたことで、不思議な変化が。

**19** 木　人に会う日
人に会ったり、会う約束をしたりする日。出会いの気配も。

**20** 金　人に会う日 ▶ プレゼントの日　[ボイド] 17:40〜18:04
他者との関係に、さらに一歩踏み込めるように。

**21** 土　プレゼントの日
人から貴重なものを受け取れる。提案を受ける場面も。

**22** 日　プレゼントの日 ▶ 旅の日　[ボイド] 19:16〜19:26
遠い場所との間に、橋が架かり始める。
◆太陽が「自分」のハウスへ。お誕生月の始まり、新しい1年への「扉」を開くとき。

**23** 月　旅の日
遠出したり、遠くから人が訪ねてくれたりする日。発信力も増す。
◆金星が「生産」のハウスへ。経済活動の活性化、上昇気流。物質的豊かさの開花。

**24** 火　旅の日 ▶ 達成の日　[ボイド] 21:01〜23:52
意欲が湧く。はっきりした成果が出る時間へ。

**25** 水　◑達成の日
目標に手が届く。結果が出る日。人から認められる場面も。

**26** 木　達成の日
目標に手が届く。結果が出る日。人から認められる場面も。
◆水星が「自分」のハウスへ。知的活動が活性化。若々しい気持ち、行動力。発言力の強化。

**27** 金　達成の日 ▶ 友だちの日　[ボイド] 07:14〜07:49
肩の力が抜け、伸びやかな気持ちになれる。

**28** 土　友だちの日
未来のプランを立てる。友だちと過ごせる。チームワーク。

**29** 日　友だちの日 ▶ ひみつの日　[ボイド] 12:37〜18:43
ざわめきから少し離れたくなる。自分の時間。

**30** 月　ひみつの日
一人の時間。過去を振り返り、戦略を練る。自分を大事にする。

# 10 ·OCTOBER·

| 1 | 火 | ひみつの日<br>一人の時間。過去を振り返り、戦略を練る。自分を大事にする。 |
|---|---|---|
| 2 | 水 | ひみつの日 ▶ スタートの日 　　　　　　　　　　　　　[ボイド] 06:41〜07:21<br>新しいことを始めやすい時間に切り替わる。 |
| 3 | 木 | ●スタートの日<br>主役の意識で動く。新しい選択肢を選べる。気持ちが切り替わる。<br>☽「自分」のハウスで日食。非常に長い物語の、劇的な幕開け。「生まれかわる」体験。 |
| 4 | 金 | スタートの日 ▶ お金の日 　　　　　　　　　　　　　[ボイド] 19:42〜20:24<br>物質面・経済活動が活性化する時間に入る。 |
| 5 | 土 | お金の日<br>いわゆる「金運がいい」日。実入りが良く、いい買い物もできそう。 |
| 6 | 日 | お金の日<br>いわゆる「金運がいい」日。実入りが良く、いい買い物もできそう。 |
| 7 | 月 | お金の日 ▶ メッセージの日 　　　　　　　　　　　　[ボイド] 07:54〜08:36<br>「動き」が出てくる。コミュニケーションの活性。 |
| 8 | 火 | メッセージの日<br>待っていた朗報が届く。勉強が捗る。外に出たくなる日。 |
| 9 | 水 | メッセージの日 ▶ 家の日 　　　　　　　　　　　　　[ボイド] 14:55〜18:40<br>生活環境や身内に目が向かう。原点回帰。<br>◆木星が「旅」のハウスで逆行開始。旅を遡っていく。ここまでの軌道を辿り直す。 |
| 10 | 木 | 家の日<br>「普段の生活」が充実。身内との関係強化。環境改善ができる。 |
| 11 | 金 | ◑家の日<br>「普段の生活」が充実。身内との関係強化。環境改善ができる。 |
| 12 | 土 | 家の日 ▶ 愛の日 　　　　　　　　　　　　　　　　[ボイド] 00:55〜01:33<br>愛の追い風が吹く。好きなことができる。<br>◆冥王星が「家」のハウスで順行へ。心が居場所に深く根を伸ばす道筋を見いだす。 |
| 13 | 日 | 愛の日 　　　　　　　　　　　　　　　　　　　　[ボイド] 23:12〜<br>愛について嬉しいことがある。子育て、趣味、創作にも追い風が。 |
| 14 | 月 | 愛の日 ▶ メンテナンスの日 　　　　　　　　　　　　[ボイド] 〜04:57<br>「やりたいこと」から「やるべきこと」へのシフト。<br>◆水星が「生産」のハウスへ。経済活動に知性を活かす。情報収集、経営戦略。在庫整理。 |
| 15 | 火 | メンテナンスの日<br>生活や心身の故障部分を修理できる。ケアしたり、されたり。 |

| | | |
|---|---|---|
| **16** 水 | メンテナンスの日 ▶ 人に会う日 | [ボイド] 05:02〜05:36 |
| | 「自分の世界」から「外界」へ出るような節目。 | |

| | | |
|---|---|---|
| **17** 木 | ○人に会う日 | |
| | 人に会ったり、会う約束をしたりする日。出会いの気配も。 | |
| | ☽「他者」のハウスで満月。誰かとの一対一の関係が「満ちる」。交渉の成立、契約。 | |

| | | |
|---|---|---|
| **18** 金 | 人に会う日 ▶ プレゼントの日 | [ボイド] 04:28〜05:01 |
| | 他者との関係に、さらに一歩踏み込めるように。 | |
| | ◆金星が「コミュニケーション」のハウスへ。喜びある学び、対話、外出。言葉による優しさ、愛の伝達。 | |

| | | |
|---|---|---|
| **19** 土 | プレゼントの日 | |
| | 人から貴重なものを受け取れる。提案を受ける場面も。 | |

| | | |
|---|---|---|
| **20** 日 | プレゼントの日 ▶ 旅の日 | [ボイド] 04:35〜05:09 |
| | 遠い場所との間に、橋が架かり始める。 | |

| | | |
|---|---|---|
| **21** 月 | 旅の日 | |
| | 遠出したり、遠くから人が訪ねてくれたりする日。発信力も増す。 | |

| | | |
|---|---|---|
| **22** 火 | 旅の日 ▶ 達成の日 | [ボイド] 06:02〜07:51 |
| | 意欲が湧く。はっきりした成果が出る時間へ。 | |

| | | |
|---|---|---|
| **23** 水 | 達成の日 | |
| | 目標に手が届く。結果が出る日。人から認められる場面も。 | |
| | ◆太陽が「生産」のハウスへ。1年のサイクルの中で「物質的・経済的土台」を整備する。 | |

| | | |
|---|---|---|
| **24** 木 | ◑達成の日 ▶ 友だちの日 | [ボイド] 13:49〜14:26 |
| | 肩の力が抜け、伸びやかな気持ちになれる。 | |

| | | |
|---|---|---|
| **25** 金 | 友だちの日 | |
| | 未来のプランを立てる。友だちと過ごせる。チームワーク。 | |

| | | |
|---|---|---|
| **26** 土 | 友だちの日 | [ボイド] 17:05〜 |
| | 未来のプランを立てる。友だちと過ごせる。チームワーク。 | |

| | | |
|---|---|---|
| **27** 日 | 友だちの日 ▶ ひみつの日 | [ボイド] 〜00:49 |
| | ざわめきから少し離れたくなる。自分の時間。 | |

| | | |
|---|---|---|
| **28** 月 | ひみつの日 | |
| | 一人の時間。過去を振り返り、戦略を練る。自分を大事にする。 | |

| | | |
|---|---|---|
| **29** 火 | ひみつの日 ▶ スタートの日 | [ボイド] 12:56〜13:31 |
| | 新しいことを始めやすい時間に切り替わる。 | |

| | | |
|---|---|---|
| **30** 水 | スタートの日 | |
| | 主役の意識で動く。新しい選択肢を選べる。気持ちが切り替わる。 | |

| | | |
|---|---|---|
| **31** 木 | スタートの日 | |
| | 主役の意識で動く。新しい選択肢を選べる。気持ちが切り替わる。 | |

# 11 ·NOVEMBER·

**1** 金
● スタートの日 ▶ お金の日　　　　　　　　　　[ボイド] 01:59〜02:31
物質面・経済活動が活性化する時間に入る。
☽「生産」のハウスで新月。新しい経済活動をスタートさせる。新しいものを手に入れる。

**2** 土
お金の日
いわゆる「金運がいい」日。実入りが良く、いい買い物もできそう。

**3** 日
お金の日 ▶ メッセージの日　　　　　　　　　　[ボイド] 13:53〜14:21
「動き」が出てくる。コミュニケーションの活性。
◆水星が「コミュニケーション」のハウスへ。知的活動の活性化、コミュニケーションの進展。学習の好機。

**4** 月
メッセージの日
待っていた朗報が届く。勉強が捗る。外に出たくなる日。
◆火星が「夢と友」のハウスへ。交友関係やチームワークに「熱」がこもる。夢を叶える勝負。

**5** 火
メッセージの日　　　　　　　　　　　　　　　　[ボイド] 19:25〜
待っていた朗報が届く。勉強が捗る。外に出たくなる日。

**6** 水
メッセージの日 ▶ 家の日　　　　　　　　　　　　[ボイド] 〜00:19
生活環境や身内に目が向かう。原点回帰。

**7** 木
家の日
「普段の生活」が充実。身内との関係強化。環境改善ができる。

**8** 金
家の日 ▶ 愛の日　　　　　　　　　　　　　　　　[ボイド] 07:39〜07:59
愛の追い風が吹く。好きなことができる。

**9** 土
● 愛の日
愛について嬉しいことがある。子育て、趣味、創作にも追い風が。

**10** 日
愛の日 ▶ メンテナンスの日　　　　　　　　　　　[ボイド] 09:25〜13:02
「やりたいこと」から「やるべきこと」へのシフト。

**11** 月
メンテナンスの日
生活や心身の故障部分を修理できる。ケアしたり、されたり。

**12** 火
メンテナンスの日 ▶ 人に会う日　　　　　　　　　[ボイド] 15:15〜15:27
「自分の世界」から「外界」へ出るような節目。
◆金星が「家」のハウスへ。身近な人とのあたたかな交流。愛着。居場所を美しくする。

**13** 水
人に会う日
人に会ったり、会う約束をしたりする日。出会いの気配も。

**14** 木
人に会う日 ▶ プレゼントの日　　　　　　　　　　[ボイド] 15:52〜16:01
他者との関係に、さらに一歩踏み込めるように。

**15** 金
プレゼントの日
人から貴重なものを受け取れる。提案を受ける場面も。
◆土星が「任務」のハウスで順行へ。任務が軌道に乗る。日常生活のリズム、ルールの正常化。

**16** 土
○プレゼントの日 ▶ 旅の日 　　　　　　　　　［ボイド］16:04〜16:10
遠い場所との間に、橋が架かり始める。
☽「ギフト」のハウスで満月。人から「満を持して」手渡されるものがある。他者との融合。

**17** 日
旅の日
遠出したり、遠くから人が訪ねてくれたりする日。発信力も増す。

**18** 月
旅の日 ▶ 達成の日 　　　　　　　　　　　　［ボイド］13:10〜17:51
意欲が湧く。はっきりした成果が出る時間へ。

**19** 火
達成の日
目標に手が届く。結果が出る日。人から認められる場面も。

**20** 水
達成の日 ▶ 友だちの日 　　　　　　　　　　［ボイド］20:22〜22:53
肩の力が抜け、伸びやかな気持ちになれる。
◆冥王星が「愛」のハウスへ。ここから2043年頃にかけ、愛と創造的活動によって生まれ変われる。

**21** 木
友だちの日
未来のプランを立てる。友だちと過ごせる。チームワーク。

**22** 金
友だちの日 　　　　　　　　　　　　　　　　［ボイド］22:16〜
未来のプランを立てる。友だちと過ごせる。チームワーク。
◆太陽が「コミュニケーション」のハウスへ。1年のサイクルの中でコミュニケーションを繋ぎ直すとき。

**23** 土
◑友だちの日 ▶ ひみつの日 　　　　　　　　　［ボイド］〜08:03
ざわめきから少し離れたくなる。自分の時間。

**24** 日
ひみつの日
一人の時間。過去を振り返り、戦略を練る。自分を大事にする。

**25** 月
ひみつの日 ▶ スタートの日 　　　　　　　　　［ボイド］14:37〜20:21
新しいことを始めやすい時間に切り替わる。

**26** 火
スタートの日
主役の意識で動く。新しい選択肢を選べる。気持ちが切り替わる。
◆水星が「コミュニケーション」のハウスで逆行開始。過去に遡るコミュニケーション。対話の積み重ね。

**27** 水
スタートの日 　　　　　　　　　　　　　　　　［ボイド］18:16〜
主役の意識で動く。新しい選択肢を選べる。気持ちが切り替わる。

**28** 木
スタートの日 ▶ お金の日 　　　　　　　　　　［ボイド］〜09:22
物質面・経済活動が活性化する時間に入る。

**29** 金
お金の日
いわゆる「金運がいい」日。実入りが良く、いい買い物もできそう。

**30** 土
お金の日 ▶ メッセージの日 　　　　　　　　　［ボイド］15:21〜20:55
「動き」が出てくる。コミュニケーションの活性。

# 12 ·DECEMBER·

| | | |
|---|---|---|
| **1** | 日 | ●メッセージの日<br>待っていた朗報が届く。勉強が捗る。外に出たくなる日。<br>🌙「コミュニケーション」のハウスで新月。新しいコミュニケーションが始まる。学び始める。朗報も。 |
| **2** | 月 | メッセージの日<br>待っていた朗報が届く。勉強が捗る。外に出たくなる日。 |
| **3** | 火 | メッセージの日 ▶ 家の日　　　　　　　　　　[ボイド] 00:49〜06:11<br>生活環境や身内に目が向かう。原点回帰。 |
| **4** | 水 | 家の日<br>「普段の生活」が充実。身内との関係強化。環境改善ができる。 |
| **5** | 木 | 家の日 ▶ 愛の日　　　　　　　　　　　　　[ボイド] 08:36〜13:23<br>愛の追い風が吹く。好きなことができる。 |
| **6** | 金 | 愛の日<br>愛について嬉しいことがある。子育て、趣味、創作にも追い風が。 |
| **7** | 土 | 愛の日 ▶ メンテナンスの日　　　　　　　　[ボイド] 09:03〜18:51<br>「やりたいこと」から「やるべきこと」へのシフト。<br>◆火星が「夢と友」のハウスで逆行開始。交友関係における摩擦を、冷静に整理し始める。◆金星が「愛」のハウスへ。華やかな愛の季節の始まり。創造的活動への強い追い風。 |
| **8** | 日 | メンテナンスの日<br>生活や心身の故障部分を修理できる。ケアしたり、されたり。<br>◆海王星が「任務」のハウスで順行へ。健康や労働に関し、不思議な「復調」が起こり始める。 |
| **9** | 月 | ◑メンテナンスの日 ▶ 人に会う日　　　　　　[ボイド] 17:46〜22:39<br>「自分の世界」から「外界」へ出るような節目。 |
| **10** | 火 | 人に会う日<br>人に会ったり、会う約束をしたりする日。出会いの気配も。 |
| **11** | 水 | 人に会う日　　　　　　　　　　　　　　　　[ボイド] 07:15〜<br>人に会ったり、会う約束をしたりする日。出会いの気配も。 |
| **12** | 木 | 人に会う日 ▶ プレゼントの日　　　　　　　　[ボイド] 〜00:57<br>他者との関係に、さらに一歩踏み込めるように。 |
| **13** | 金 | プレゼントの日　　　　　　　　　　　　　　[ボイド] 21:41〜<br>人から貴重なものを受け取れる。提案を受ける場面も。 |
| **14** | 土 | プレゼントの日 ▶ 旅の日　　　　　　　　　　[ボイド] 〜02:23<br>遠い場所との間に、橋が架かり始める。 |
| **15** | 日 | ○旅の日　　　　　　　　　　　　　　　　　[ボイド] 23:33〜<br>遠出したり、遠くから人が訪ねてくれたりする日。発信力も増す。<br>🌙「旅」のハウスで満月。遠い場所への扉が「満を持して」開かれる。遠くまで声が届く。 |

**16** 月
旅の日 ▶ 達成の日　　　　　　　　　　　　　　　　[ボイド] ～04:23
意欲が湧く。はっきりした成果が出る時間へ。
◆水星が「コミュニケーション」のハウスで順行へ。コミュニケーションや勉強に関し、リズムが整っていく。

**17** 火
達成の日
目標に手が届く。結果が出る日。人から認められる場面も。

**18** 水
達成の日 ▶ 友だちの日　　　　　　　　　　　　　[ボイド] 03:35～08:41
肩の力が抜け、伸びやかな気持ちになれる。

**19** 木
友だちの日
未来のプランを立てる。友だちと過ごせる。チームワーク。

**20** 金
友だちの日 ▶ ひみつの日　　　　　　　　　　　[ボイド] 14:21～16:39
ざわめきから少し離れたくなる。自分の時間。

**21** 土
ひみつの日
一人の時間。過去を振り返り、戦略を練る。自分を大事にする。
◆太陽が「家」のハウスへ。1年のサイクルの中で「居場所・家・心」を整備し直すとき。

**22** 日
ひみつの日　　　　　　　　　　　　　　　　　　[ボイド] 22:29～
一人の時間。過去を振り返り、戦略を練る。自分を大事にする。

**23** 月
◗ ひみつの日 ▶ スタートの日　　　　　　　　　　[ボイド] ～04:09
新しいことを始めやすい時間に切り替わる。

**24** 火
スタートの日　　　　　　　　　　　　　　　　　[ボイド] 19:46～
主役の意識で動く。新しい選択肢を選べる。気持ちが切り替わる。

**25** 水
スタートの日 ▶ お金の日　　　　　　　　　　　　[ボイド] ～17:08
物質面・経済活動が活性化する時間に入る。

**26** 木
お金の日
いわゆる「金運がいい」日。実入りが良く、いい買い物もできそう。

**27** 金
お金の日　　　　　　　　　　　　　　　　　　　[ボイド] 23:26～
いわゆる「金運がいい」日。実入りが良く、いい買い物もできそう。

**28** 土
お金の日 ▶ メッセージの日　　　　　　　　　　　[ボイド] ～04:48
「動き」が出てくる。コミュニケーションの活性。

**29** 日
メッセージの日
待っていた朗報が届く。勉強が捗る。外に出たくなる日。

**30** 月
メッセージの日 ▶ 家の日　　　　　　　　　　　　[ボイド] 08:36～13:39
生活環境や身内に目が向かう。原点回帰。

**31** 火
● 家の日
「普段の生活」が充実。身内との関係強化。環境改善ができる。
☽「家」のハウスで新月。心の置き場所が新たに定まる。日常に新しい風が吹き込む。

## 参考 カレンダー解説の文字・線の色

あなたの星座にとって星の動きがどんな意味を
持つか、わかりやすくカレンダーに書き込んで
みたのが、P.89からの「カレンダー解説」です。
色分けは厳密なものではありませんが、だいた
い以下のようなイメージで分けられています。

#### —— 赤色
インパクトの強い出来事、意欲や情熱、
パワーが必要な場面。

#### —— 水色
ビジネスや勉強、コミュニケーションなど、
知的な活動に関すること。

#### —— 紺色
重要なこと、長期的に大きな意味のある変化。
精神的な変化、健康や心のケアに関すること。

#### —— 緑色
居場所、家族に関すること。

#### —— ピンク色
愛や人間関係に関すること。嬉しいこと。

#### —— オレンジ色
経済活動、お金に関すること。

# 天秤座 2024年の
# カレンダー解説

● 解説の文字・線の色のイメージは P.88 をご参照下さい ●

# 1 •JANUARY•

| mon | tue | wed | thu | fri | sat | sun |
|-----|-----|-----|-----|-----|-----|-----|
| 1 | 2 | 3 | 4 | 5 | 6 | 7 |
| 8 | 9 | 10 | 11 | 12 | 13 | 14 |
| 15 | 16 | 17 | 18 | 19 | 20 | (21) |
| 22 | 23 | 24 | 25 | (26) | 27 | 28 |
| 29 | 30 | 31 | | | | |

1/4–2/13 「居場所が動く」時。引っ越しや模様替え、家族構成の変化などが起こるかも。身近な人としっかり向き合い、思いをぶつけ合える。「膿を出してスッキリする」ような試みも。

1/21 何かに夢中になる気持ち、全力で打ち込む情熱に、静かに火がつく時。このあたりから燃え始めた火は、なかなか消えない。

1/26 交友関係が盛り上がる。友情に支えられる。夢に大きく一歩近づける。

# 2 •FEBRUARY•

| mon | tue | wed | thu | fri | sat | sun |
|-----|-----|-----|-----|-----|-----|-----|
| | | | 1 | 2 | 3 | 4 |
| 5 | 6 | 7 | 8 | 9 | (10) | 11 |
| 12 | 13 | 14 | 15 | 16 | 17 | 18 |
| 19 | 20 | 21 | 22 | 23 | 24 | 25 |
| 26 | 27 | 28 | 29 | | | |

2/10 「愛が生まれる」タイミング。好きになれることに出会える。恋に落ちる人も。クリエイティブな活動の新しいスタートライン。

2/17–3/12 「愛と情熱の季節」。恋愛には最強の追い風が吹き続ける。クリエイティブな活動にも素晴らしいチャンスが巡ってくる。

# 3 • MARCH •

| mon | tue | wed | thu | fri | sat | sun |
|-----|-----|-----|-----|-----|-----|-----|
|     |     |     |     | 1   | 2   | 3   |
| 4   | 5   | 6   | 7   | 8   | 9   | 10  |
| 11  | 12  | 13  | 14  | 15  | 16  | 17  |
| 18  | 19  | 20  | 21  | 22  | 23  | 24  |
| ㉕  | 26  | 27  | 28  | 29  | 30  | 31  |

# 4 • APRIL •

| mon | tue | wed | thu | fri | sat | sun |
|-----|-----|-----|-----|-----|-----|-----|
| 1   | 2   | 3   | 4   | 5   | 6   | 7   |
| 8   | ⑨  | 10  | 11  | 12  | 13  | 14  |
| 15  | 16  | 17  | 18  | 19  | 20  | 21  |
| 22  | 23  | ㉔  | 25  | 26  | 27  | 28  |
| ㉙  | 30  |     |     |     |     |     |

3/23-4/5　熱い多忙期。依頼や相談が集まってくる。あるいは逆に、自分自身がケアやサポートを受けられる時間。助け合える。

3/25　特別な星の時間。ずっと頑張ってきたことが認められる。迷走してきたことが着地する。意外な出会いがある。縁が結ばれる。

4/2-4/29　人のために立ち止まる時、または、誰かが自分のために立ち止まって時間を割いてくれる時。一時的に、人のやり方を受け入れる必要が出てくるかも。

4/24　経済的に「実り」がある時。努力が実を結び、価値あるものを収穫できる。素敵なものが手に入る。

4/29-5/26　人から受け取れるものがたくさんある時。パートナーや関係者の経済状況が好転する。経済活動のスケールが、一回りも二回りも大きくなる。特別なオファーがくる。

# 5 ·MAY·

| mon | tue | wed | thu | fri | sat | sun |
|-----|-----|-----|-----|-----|-----|-----|
| | | 1 | 2 | 3 | 4 | 5 |
| 6 | 7 | 8 | 9 | 10 | 11 | 12 |
| 13 | 14 | 15 | 16 | 17 | 18 | 19 |
| 20 | 21 | 22 | 23 | 24 | 25 | (26) |
| 27 | 28 | 29 | 30 | 31 | | |

5/1–6/9　人間関係に熱がこもる。刺激的な人物、強烈な印象をまとう人物との出会い。タフな交渉や「対決」に臨む人も。

5/24–6/17　旅の季節。かなり遠くまで出かけていくことになりそう。精力的に学んで、大きな成果を挙げる人も。

5/26　「冒険と学びの時間」へ。遠く旅に出る人、専門的な、高度な勉強を始める人も。「より広い『外』に出る」動きが起こる。旅や学びによって人生が変わる。

# 6 ·JUNE·

| mon | tue | wed | thu | fri | sat | sun |
|-----|-----|-----|-----|-----|-----|-----|
| | | | | | 1 | 2 |
| 3 | 4 | 5 | 6 | 7 | 8 | 9 |
| 10 | 11 | 12 | 13 | 14 | 15 | 16 |
| (17) | 18 | 19 | 20 | 21 | (22) | 23 |
| 24 | 25 | 26 | 27 | 28 | 29 | 30 |

6/17–7/22　たくさんのチャンスが巡ってくる、活躍の時。複数のことが同時に始まり、てんやわんやになるかも。ガンガン「攻める」姿勢で挑みたい時。

6/22　居場所や家族に関して、嬉しいことが起こりそう。身近な人への働きかけが実を結ぶ。「根を下ろす」実感。

# 7 · JULY ·

| mon | tue | wed | thu | fri | sat | sun |
|-----|-----|-----|-----|-----|-----|-----|
| 1 | 2 | 3 | 4 | 5 | ⑥ | 7 |
| 8 | 9 | 10 | 11 | 12 | 13 | 14 |
| 15 | 16 | 17 | 18 | 19 | 20 | ㉑ |
| 22 | 23 | 24 | 25 | 26 | 27 | 28 |
| 29 | 30 | 31 | | | | |

**7/6** 新しいミッションが始まる。とてもフレッシュなタイミング。新しい目標を掲げ、行動を起こす人も。

**7/21** 6/22の「第二弾」のようなことが起こるかも。居場所や家の中、家族との関係において、心あたたまることが起こる。身近な人との紐帯が強まる。受け入れられる安心感を確かめられる。

**7/21-9/5** 大スケールの「冒険と学びの時間」。熱い「師」に出会う人も。コミュニケーションにも熱がこもる。行動範囲が一気に広がる。新規ルートの開拓の時。

# 8 · AUGUST ·

| mon | tue | wed | thu | fri | sat | sun |
|-----|-----|-----|-----|-----|-----|-----|
| | | | | 1 | 2 | 3 | 4 |
| 5 | 6 | 7 | 8 | 9 | 10 | 11 |
| 12 | 13 | 14 | 15 | 16 | 17 | 18 |
| 19 | ⑳ | 21 | 22 | 23 | 24 | 25 |
| 26 | 27 | 28 | 29 | 30 | 31 | |

**8/20** 「愛が満ちる・実る」時。クリエイティブな活動において、大きな成果を挙げる人も。

**8/29-9/23** 自分らしくのびのびと動ける。「自分のターンが来た！」という手応えのある時。キラキラ輝くような、楽しい時間。愛にも強い光が射し込む。より魅力的に「変身」する人も。

# 9 · SEPTEMBER ·

| mon | tue | wed | thu | fri | sat | sun |
|-----|-----|-----|-----|-----|-----|-----|
|     |     |     |     |     |     | 1   |
| 2   | 3   | 4   | 5   | 6   | 7   | 8   |
| 9   | 10  | 11  | 12  | 13  | 14  | 15  |
| 16  | 17  | ⑱  | 19  | 20  | 21  | 22  |
| 23  | 24  | 25  | 26  | 27  | 28  | 29  |
| 30  |     |     |     |     |     |     |

9/5–11/4　仕事や対外的な活動における「勝負」の時間。ガンガン挑戦して結果を出せる。外に出て闘える時。特に9/23以降は、普段のやり方や経験則に囚われず、がむしゃらに闘ってみたい時間。この時期が「第一弾」で、第二弾が2025年に展開する。

9/18　努力が実る。疲労を溜め込んできた人、無理を重ねてきた人、ストレスフルな日々を過ごしている人は、このあたりで体調を崩す可能性も。

# 10 · OCTOBER ·

| mon | tue | wed | thu | fri | sat | sun |
|-----|-----|-----|-----|-----|-----|-----|
|     | 1   | 2   | ③  | 4   | 5   | 6   |
| 7   | 8   | 9   | 10  | 11  | 12  | 13  |
| 14  | 15  | 16  | ⑰  | 18  | 19  | 20  |
| 21  | 22  | 23  | 24  | 25  | 26  | 27  |
| 28  | 29  | 30  | 31  |     |     |     |

10/3　特別な星の時間。驚きを含む、大きなスタートライン。突然面白いことが始まるかも。あるいは、突発的にアクションを起こす人も。不思議な縁で、ドラマが始まる。出会いの気配も。

10/17　人間関係が大きく進展する。誰かとの関係が深く、強くなる。交渉事がまとまる。相談の結論が出る。大事な約束を交わす人も。

# 11 · NOVEMBER ·

| mon | tue | wed | thu | fri | sat | sun |
|-----|-----|-----|-----|-----|-----|-----|
|     |     |     |     | 1   | 2   | 3   |
| 4   | 5   | 6   | 7   | 8   | 9   | 10  |
| 11  | 12  | 13  | 14  | 15  | 16  | 17  |
| 18  | 19  | ⃝20 | 21  | 22  | 23  | 24  |
| 25  | 26  | 27  | 28  | 29  | 30  |     |

# 12 · DECEMBER ·

| mon | tue | wed | thu | fri | sat | sun |
|-----|-----|-----|-----|-----|-----|-----|
|     |     |     |     |     |     | 1   |
| 2   | 3   | 4   | 5   | 6   | 7   | 8   |
| 9   | 10  | 11  | 12  | 13  | 14  | 15  |
| 16  | 17  | 18  | 19  | 20  | 21  | 22  |
| 23  | 24  | 25  | 26  | 27  | 28  | 29  |
| 30  | ⃝31 |     |     |     |     |     |

11/12–12/7 家の中に愛が溢れる。家族や身近な人との関係が好転する。「原点回帰」のような時間を持てる。

11/20 ここから2043年にかけて、素晴らしい情熱を生きられる。愛を生きる人もいれば、才能を生きる人も。何か打ち込めるものに出会い、生まれ変わるような経験ができる。

11/26–12/16 懐かしい人から連絡が来るかも。「学び直す」好機でもある。一時的にコミュニケーションが混乱しても、時間が解決してくれる。

12/7–2025/1/3 愛がキラキラ輝く、とても嬉しい時間。クリエイティブな活動にも強い追い風が吹く。遊び、趣味、子育てにも楽しく取り組める。

12/31 今年二度目の、「居場所」の部屋での新月。居場所に新しい風が吹き込む。家族や身近な人との関係が刷新される。年初にスタートしたことの「振り返り」ができるかも。

# 2024年のプチ占い（天秤座〜魚座）

**天秤座（9/24-10/23生まれ）**

出会いとギフトの年。自分では決して出会えないようなものを、色々な人から手渡される。チャンスを作ってもらえたり、素敵な人と繋げてもらえたりするかも。年の後半は大冒険と学びの時間に入る。

**蠍座（10/24-11/22生まれ）**

パートナーシップと人間関係の年。普段関わるメンバーが一変したり、他者との関わり方が大きく変わったりする。人と会う機会が増える。素晴らしい出会いに恵まれる。人から受け取るものが多い年。

**射手座（11/23-12/21生まれ）**

働き方や暮らし方を大きく変えることになるかも。健康上の問題を抱えていた人は、心身のコンディションが好転する可能性が。年の半ば以降は、出会いと関わりの時間に入る。パートナーを得る人も。

**山羊座（12/22-1/20生まれ）**

2008年頃からの「魔法」が解けるかも。執着やこだわり、妄念から解き放たれる。深い心の自由を得られる。年の前半は素晴らしい愛と創造の季節。楽しいことが目白押し。後半は新たな役割を得る人も。

**水瓶座（1/21-2/19生まれ）**

野心に火がつく。どうしても成し遂げたいことに出会えるかも。自分を縛ってきた鎖を粉砕するような試みができる。年の前半は新たな居場所を見つけられるかも。後半はキラキラの愛と創造の時間へ。

**魚座（2/20-3/20生まれ）**

コツコツ続けてきたことが、だんだんと形になる。理解者に恵まれ、あちこちから意外な助け船を出してもらえる年。年の半ばから約1年の中で、新しい家族が増えたり、新たな住処を見つけたりできる。

（※牡羊座〜乙女座はP30）

HOSHIORI

# 星のサイクル
# 海王星

## ✿ 海王星のサイクル

　現在魚座に滞在中の海王星は、2025年3月に牡羊座へと移動を開始し、2026年1月に移動を完了します。つまり今、私たちは2012年頃からの「魚座海王星時代」を後にし、新しい「牡羊座海王星時代」を目前にしているのです。海王星のサイクルは約165年ですから、一つの星座の海王星を体験できるのはいずれも、一生に一度です。海王星は幻想、理想、夢、無意識、音楽、映像、海、オイル、匂いなど、目に見えないもの、手で触れないものに関係の深い星です。現実と理想、事実と想像、生と死を、私たちは生活の中で厳密に分けていますが、たとえば詩や映画、音楽などの世界では、その境界線は極めて曖昧になります。さらに、日々の生活の中でもごくマレに、両者の境界線が消える瞬間があります。その時私たちは、人生の非常に重要な、ある意味危険な転機を迎えます。「精神のイニシエーション」をしばしば、私たちは海王星とともに過ごすのです。以下、来年からの新しい「牡羊座海王星時代」を、少し先取りして考えてみたいと思います。

◆◇○◇○◆○◇◆○◇◆○◇◆○◇◆○◇◆○◇◆○◇◆○◇◆○◇◆○◇◆○◇◆○◇◆○◇◆○◇◆○◇◆○◇◆○◇◆

## 海王星のサイクル年表（詳しくは次のページへ）

| 時　期 | 天秤座のあなたにとってのテーマ |
|---|---|
| 1928年 - 1943年 | 大スケールの「救い」のプロセス |
| 1942年 - 1957年 | コントロール不能な、精神的成長の過程 |
| 1955年 - 1970年 | 魂とお金の関係 |
| 1970年 - 1984年 | 価値観、世界観の精神的アップデート |
| 1984年 - 1998年 | 居場所、水、清らかな感情 |
| 1998年 - 2012年 | 愛の救い、愛の夢 |
| 2011年 - 2026年 | 心の生活、セルフケアの重要性 |
| 2025年 - 2039年 | 「他者との関わり」という救い |
| 2038年 - 2052年 | 経済活動が「大きく回る」時 |
| 2051年 - 2066年 | 精神の学び |
| 2065年 - 2079年 | 人生の、真の精神的目的 |
| 2078年 - 2093年 | できるだけ美しい夢を描く |

※時期について／海王星は順行・逆行を繰り返すため、星座の境界線を
何度か往復してから移動を完了する。上記の表で、開始時は最初の移動の
タイミング、終了時は移動完了のタイミング。

◆◇○◇○◆○◇◆○◇◆○◇◆○◇◆○◇◆○◇◆○◇◆○◇◆○◇◆○◇◆○◇◆○◇◆○◇◆○◇◆○◇◆○◇◆

### ◆ 1928-1943年　大スケールの「救い」のプロセス

あなたにとって「究極の望み」「一番最後の望み」があるとしたら、どんな望みでしょうか。「一つだけ願いを叶えてあげるよ」と言われたら、何を望むか。この命題に、新しい答えを見つけられます。「一つだけ叶う願い」は、あなたの心の救いとなり、さらに、あなたの大切な人を救う原動力ともなります。

### ◆ 1942-1957年　コントロール不能な、精神的成長の過程

「自分」が靄に包まれたように見えなくなり、アイデンティティを見失うことがあるかもしれません。意識的なコントロールや努力を離れたところで、人生の神髄に触れ、精神的な成長が深まります。この時期を終える頃、決して衰えることも傷つくこともない、素晴らしい人間的魅力が備わります。

### ◆ 1955-1970年　魂とお金の関係

経済活動は「計算」が基本です。ですがこの時期は不思議と「計算が合わない」傾向があります。世の経済活動の多くは、実際には「割り切れないこと」だらけです。こうした「1+1=2」にならない経済活動の秘密を見つめるための「心の力」が成長する時期です。魂とお金の関係の再構築が進みます。

### ◆ 1970-1984年　価値観、世界観の精神的アップデート

誰もが自分のイマジネーションの世界を生きています。どんなに「目の前の現実」を生きているつもりでも、自分自身の思い込み、すなわち「世界観」の外には、出られないのです。そうした「世界観」の柱となるのが、価値観や思想です。そうした世界観、枠組みに、大スケールのアップデートが起こります。

### ◈ 1984 - 1998年　居場所、水、清らかな感情

心の風景と実際の生活の場の風景を、時間をかけて「洗い上げる」ような時間です。家族や「身内」と呼べる人たちとの深い心の交流が生まれます。居場所や家族との関係の変容がそのまま、精神的成長に繋がります。物理的な居場所のメンテナンスが必要になる場合も。特に水回りの整備が重要な時です。

### ◈ 1998 - 2012年　愛の救い、愛の夢

感受性がゆたかさを増し、才能と個性が外界に向かって大きく開かれて、素晴らしい創造性を発揮できる時です。人の心を揺さぶるもの、人を救うものなどを、あなたの活動によって生み出せます。誰もが心の中になんらかの痛みや傷を抱いていますが、そうした傷を愛の体験を通して「癒し合える」時です。

### ◈ 2011 - 2026年　心の生活、セルフケアの重要性

できる限りワガママに「自分にとっての、真に理想と言える生活のしかた」を作ってゆく必要があります。自分の精神や「魂」が心底求めている暮らし方を、時間をかけて創造できます。もっともらしい精神論に惑わされて自分を見失わないで。他者にするのと同じくらい、自分自身をケアしたい時です。

### ◈ 2025 - 2039年　「他者との関わり」という救い

人から精神的な影響を受ける時期です。一対一での他者との関わりの中で、自分の考え方や価値観の独特な癖に気づかされ、さらに「救い」を得られます。相手が特に「救おう」というつもりがなくとも、その関係の深まり自体が救いとなるのです。人生を変えるような、大きな心の結びつきを紡ぐ時間です。

### ◆ 2038-2052年　経済活動が「大きく回る」時

「人のために、自分の持つ力を用いる」という意識を持つことと、「自分ではどうにもできないこと」をありのままに受け止めること。この二つのスタンスが、あなたを取り巻く経済活動を大きく活性化させます。無欲になればなるほど豊かさが増し、生活の流れが良くなるのです。性愛の夢を生きる人も。

### ◆ 2051-2066年　精神の学び

ここでの学びの目的は単に知識を得ることではなく、学びを通した精神的成長です。学びのプロセスは言わば「手段」です。「そんなことを学んで、なんの役に立つの？」と聞かれ、うまく答えられないようなことこそが、この時期真に学ぶべきテーマだからです。学びを通して、救いを得る人もいるはずです。

### ◆ 2065-2079年　人生の、真の精神的目的

仕事で大成功して「これはお金のためにやったのではない」と言う人がいます。「では、なんのためなのか」は、その人の精神に、答えがあります。この時期、あなたは自分の人生において真に目指せるものに出会うでしょう。あるいは、多くの人から賞賛されるような「名誉」を手にする人もいるはずです。

### ◆ 2078-2093年　できるだけ美しい夢を描く

人生で一番美しく、大きく、素敵な夢を描ける時です。その夢が実現するかどうかより、できるだけ素晴らしい夢を描くということ自体が重要です。夢を見たことがある人と、そうでない人では、人生観も大きく異なるからです。大きな夢を描き、希望を抱くことで、人生で最も大切な何かを手に入れられます。

## 〜先取り！ 2025年からのあなたの「海王星時代」〜
## 「他者との関わり」という救い

　想像以上に、「人」から精神的な影響を受ける時期です。一対一での他者との関わりの中で、自分の考え方や価値観の独特な癖に気づかされます。そして、大いに「救われる」ことになるでしょう。特に、幼い頃から否応なく背負わされた苦悩や傷を、赤の他人との深い関わりを通して、癒せるのです。この時期、素晴らしい出会いに恵まれます。その中にたくさんの「救いの手」を見つけられます。ここでの「救い手」は、たった一人で何もかも引き受けてくれる魔法使いのような人、ではありません。救い手は何人もいて、その中にはいい人も、尊敬すべき人もいる一方、だめな人も、自分より深く傷ついている人もいます。相手に強く期待したのに、その期待を見事に裏切られることもあるでしょう。他者に幻想を抱き、その幻想を砕かれ、そうしたプロセス全体を通して、痛みや苦悩が不思議な具合に変容を遂げるのです。他者との不思議な、非常に複雑な関わりを通して、より確かな自分を見出せます。

　この時期、人と自分を比較して深く落ち込む人もい

るでしょう。あるいは、誰かに心酔して裏切られ、傷を負う人もいるでしょう。非常に仲が良いと信じていた相手が、特になんとも思っていなかったとわかり、孤独を感じることもあるかもしれません。あるいは、「結婚しなければ！」と激しい焦りを感じる人もいれば、逆に、パートナーシップに絶望して、心の迷路をさまよう人もいます。他者との関わりは人間を成長させてくれる最大のチャンスですが、それは同時に、人生の最大の危機でもあるのです。なぜなら、私たちが自分以外の誰かを見る時、その人の「像」には必ず、私たち自身の内なるものが映し出されているからです。私たちは自分自身の欠乏や渇望、不安や空虚さなどを、他者に投影せずにはいられないのです。この時期は特に、そうした「投影」のボリュームが大きくなりがちです。人と関わる時、できる限り「その人自身」を見つめようとする努力が、この時期のあなたを段階的に救うでしょう。いつかきっと晴れ間が来ることを信じ、「他者」という理解の難しいものに対して現実的に向き合う努力を忘れなければ、必ずその努力が報われ、美しい愛と心の結びつきが実現します。

# 12星座プロフィール

# 天秤座のプロフィール
## 関わりの星座

**キャラクター**

### ◆ 美への情熱

　天秤座は「美」の星座です。美しいもの、優雅なもの、より完全なものを追い求めるのが、天秤座の人々の基本的な生き方です。優れた審美眼を持ち、個々の事物の美だけでなく、物と物、人と人、人と物が関わり合ってできる「全体の美」を追求します。たとえば、買い物に出ても、天秤座の人はなかなかアイテムを選び取りません。心ゆくまで比較し、「これが最もいい」と完全に納得できるまで、選ぶことをやめないのです。

### ◆ 他者への情熱

　天秤座は「関わり」「関係性」の星座です。優れたコーディネーターとしての才能を持つ人も少なくありません。天秤座の人々は常に、他者に対して新鮮な、熱い思いを抱いています。人に興味を持ち、関心を向け、語りかけ、働きかけて、そこに「橋を架ける」労を惜しまないのです。交渉事や結婚、契約なども天秤座のテーマです。

私たちは、自分のことだけを考えているうちは「自分が何者なのか」は、なかなか掴めません。他者との出会いと関わりを通して、初めて「自分が何者なのか」を発見することになります。天秤座の人々が他者に強い関心を持つのは、決して世話焼きとかお節介だからではないのです。鏡を見なければ自分の姿を見られないように、私たちは他者と関わることでしか、自分が何者かを知ることができません。天秤座の人々は、他者との強い関わりを通して、自分は何者なのか、人間とは何なのか、という謎を、なんとかして解こうと試み続けているのです。

### ◆ 客観と比較

　人間の主観は、私たちが自覚する以上にバラバラです。100人いれば100通りの事実と現実、そして真実があります。無数の主観の寄せ集めである「社会」を成り立たせるのは、断絶した主観と主観の間に橋を架ける「客観」の試みです。お互いの違いを知り、差を比べ、それらを正当に扱う術を探し求めるのが、「客観」の試みと言えます。

　天秤座の人々は、その心に抱く「天秤」ゆえに、客観視を重んじます。客観視するにはどうしても、天秤を用いて、あれとこれとを比較しなければなりません。

　こうした心の動きは、天秤座の人々を、「優劣」のワナに

捉らえてしまうこともあります。比較対象でしか物事を捉えられなくなると、何かと人と比べては自分を他律的に評価するようになり、人から良く思われること、見栄を張ることなどが価値観の中心に居座ってしまうのです。こうなると、天秤座の人々は大きな苦悩に陥ります。

　この苦悩から脱出するには「審美眼」が手掛かりになります。判断する自分という主観を、自分の中心に取り戻したとき初めて、天秤は機能するのです。客観を追い求めつつも、天秤を支える「美を感じる軸」は、あくまで主観の中にあるのです。

## 支配星・神話

### ◆ 金星

　天秤座を支配するのは、愛と美の星・金星です。審美眼に優れ平和を愛する天秤座に、いかにもふさわしい支配星です。もう一つ、同じく金星に支配されている星座に、牡牛座があります。牡牛座の美と、天秤座の美とは、その仕組みを異にしています。牡牛座の美は、個対の美であり、絶対的な美です。この花も美しければあの花も美しい、といったように、牡牛座の世界の美は個別のものです。一方、天秤座の美は、どの美が最も優れた美かを勘案します。さらに「この花とあの花を組み合わせて活けたらさらに美しい

世界が広がる」といった発想も、天秤座の世界のものです。天秤座の人々は、比較し、吟味し、選び取り、組み合わせ、そして、さらにそのまわりへと美を広げていくのです。

### ◇ アストライアの天秤

　天秤座の「天秤」は、正義の女神アストライアが手にする、人の善悪をはかる天秤です。天秤は、古くから「ルール」「正義」「裁き」と結びつけられてきました。現在でも、裁判所や司法関係者のバッジなどに、天秤のモチーフが用いられています。

　天秤座の人々はそのモチーフにふさわしく、公平と正義を愛する人々です。狡さや醜さ、不正を心から憎み、人の心の弱さに対して、果敢に戦いを挑みます。

　とはいえ、この世の「正義」は、決して絶対的なものではありません。たとえば、人々が争うとき、互いに別々の正義を主張し合います。もし、ルールが絶対的に正しいならば、それを適用するだけで良く、互いに主張を闘わせて量刑を問う「裁判」は、必要ないはずです。正義とはごく主観的な、揺らぎの中にある観念で、秤のような客観的な道具で「はかる」ことでしか、扱えないものなのでしょう。

　ゆらゆら揺れる天秤のように、正義も公平も、世の中で常に揺らいでいます。この揺らぎがピタリと止まる点を求

めて、天秤座の人々は時間をかけて考えます。天秤座の人々はしばしば「優柔不断」と評されることがありますが、これは少々的外れのように思われます。天秤座の人々は「迷いの中で、決められずにいる」のではなく、「決定的な選択を求めて、妥協しない」のです。天秤座の人々は、いくつかの選択肢を前にして時間をかけて考えた後、非常に断定的に、一つのことを決断します。「決断」の言葉通り、他の選択肢を、斧でも振り下ろすかのように「断じて」しまうのです。

## 天秤座の才能

　マルチタスクが得意で、調整力に優れ、何でも完璧にこなす知力と行動力を備えています。あなたがやることは何でも、隅々まで神経が行き届いているので、人から特に必要とされ、頼られることが多いはずです。周囲がバラバラにアイデアを出してきても、あなたには「完成形」が見えているため、即座に「それはできる」「それはできない」という判断を下せます。判断力、真贋（しんがん）を見極める力、物事を「はかる」力が、あなたに備わった特別な才能です。「人を見る目」にも優れています。さらに、人を説得する力、納得させる力にも秀でている人が多いようです。

**牡羊座** はじまりの星座                    I am.

**素敵なところ**

裏表がなく純粋で、自他を比較しません。明るく前向きで、正義感が強く、諍いのあともさっぱりしています。欲しいものを欲しいと言える勇気、自己主張する勇気、誤りを認める勇気の持ち主です。

**キーワード**

勢い／勝負／果断／負けず嫌い／せっかち／能動的／スポーツ／ヒーロー・ヒロイン／華やかさ／アウトドア／草原／野生／丘陵／動物愛／議論好き／肯定的／帽子・頭部を飾るもの／スピード／赤

 **牡牛座** 五感の星座                    I have.

**素敵なところ**

感情が安定していて、態度に一貫性があります。知識や経験をたゆまずゆっくり、たくさん身につけます。穏やかでも不思議な存在感があり、周囲の人を安心させます。美意識が際立っています。

**キーワード**

感覚／色彩／快さ／リズム／マイペース／芸術／暢気（のんき）／贅沢／コレクション／一貫性／素直さと頑固さ／価値あるもの／美声・歌／料理／庭造り／変化を嫌う／積み重ね／エレガント／レモン色／白

 **双子座** 知と言葉の星座                    I think.

**素敵なところ**

イマジネーション能力が高く、言葉と物語を愛するユニークな人々です。フットワークが良く、センサーが敏感で、いくつになっても若々しく見えます。場の空気・状況を変える力を持っています。

**キーワード**

言葉／コミュニケーション／取引・ビジネス／相対性／比較／関連づけ／物語／比喩／移動／旅／ジャーナリズム／靴／天使・翼／小鳥／桜色／桃色／空色／文庫本／文房具／手紙

## 蟹座　感情の星座

I feel.

### 素敵なところ

心優しく、共感力が強く、人の世話をするときに手間を惜しみません。行動力に富み、人にあまり相談せずに大胆なアクションを起こすことがありますが、「聞けばちゃんと応えてくれる」人々です。

### キーワード

感情／変化／月／守護・保護／日常生活／行動力／共感／安心／繰り返すこと／拒否／生活力／フルーツ／アーモンド／巣穴／胸部、乳房／乳白色／銀色／真珠

## 獅子座　意思の星座

I will.

### 素敵なところ

太陽のように肯定的で、安定感があります。深い自信を持っており、側にいる人を安心させることができます。人を頷かせる力、一目置かせる力、パワー感を持っています。内面には非常に繊細な部分も。

### キーワード

強さ／クールさ／肯定的／安定感／ゴールド／背中／自己表現／演技／芸術／暖炉／広場／人の集まる賑やかな場所／劇場・舞台／お城／愛／子供／緋色／パープル／緑

## 乙女座　分析の星座

I analyze.

### 素敵なところ

一見クールに見えるのですが、とても優しく世話好きな人々です。他者に対する観察眼が鋭く、シャープな批評を口にしますが、その相手の変化や成長を心から喜べる、「教育者」の顔を持っています。

### キーワード

感受性の鋭さ／「気が利く」人／世話好き／働き者／デザイン／コンサバティブ／胃腸／神経質／分析／調合／変化／回復の早さ／迷いやすさ／研究家／清潔／ブルーブラック／空色／桃色

## 天秤座　関わりの星座

I balance.

### 素敵なところ

高い知性に恵まれると同時に、人に対する深い愛を抱いています。視野が広く、客観性を重視し、細やかな気遣いができます。内側には熱い情熱を秘めていて、個性的なこだわりや競争心が強い面も。

### キーワード

人間関係／客観視／合理性／比較対象／美／吟味／審美眼／評価／選択／平和／交渉／結婚／諍い（いさか）／調停／パートナーシップ／契約／洗練／豪奢／黒／芥子色（からし）／深紅色／水色／薄い緑色／ベージュ

## 蠍座　情熱の星座

I desire.

### 素敵なところ

意志が強く、感情に一貫性があり、愛情深い人々です。一度愛したものはずっと長く愛し続けることができます。信頼に足る、芯の強さを持つ人です。粘り強く努力し、不可能を可能に変えます。

### キーワード

融け合う心／継承／遺伝／魅力／支配／提供／共有／非常に古い記憶／放出／流動／隠されたもの／湖沼／果樹園／庭／葡萄酒／琥珀／茶色／濃い赤／カギつきの箱／ギフト

## 射手座　冒険の星座

I understand.

### 素敵なところ

冒険心に富む、オープンマインドの人々です。自他に対してごく肯定的で、恐れを知らぬ勇気と明るさで周囲を照らし出します。自分の信じるものに向かってまっすぐに生きる強さを持っています。

### キーワード

冒険／挑戦／賭け／負けず嫌い／馬や牛など大きな動物／遠い外国／語学／宗教／理想／哲学／おおらかさ／自由／普遍性／スピードの出る乗り物／船／黄色／緑色／ターコイズブルー／グレー

**山羊座　実現の星座**　　　　　　　　I use.

**素敵なところ**

夢を現実に変えることのできる人々です。自分個人の世界だけに収まる小さな夢ではなく、世の中を変えるような、大きな夢を叶えることができる力を持っています。優しく力強く、芸術的な人です。

**キーワード**

城を築く／行動力／実現／責任感／守備／権力／支配者／組織／芸術／伝統／骨董品／彫刻／寺院／華やかな色彩／ゴージャス／大きな楽器／黒／焦げ茶色／薄い茜色／深緑

 **水瓶座　思考と自由の星座**　　　　　I know.

**素敵なところ**

自分の頭でゼロから考えようとする、澄んだ思考の持ち主です。友情に篤く、損得抜きで人と関わろうとする、静かな情熱を秘めています。ユニークなアイデアを実行に移すときは無二の輝きを放ちます。

**キーワード**

自由／友情／公平・平等／時代の流れ／流行／メカニズム／合理性／ユニセックス／神秘的／宇宙／飛行機／通信技術／電気／メタリック／スカイブルー／チェック、ストライプ

 **魚座　透明な心の星座**　　　　　　　I believe.

**素敵なところ**

人と人とを分ける境界線を、自由自在に越えていく不思議な力の持ち主です。人の心にするりと入り込み、相手を支え慰めることができます。場や世界を包み込むような大きな心を持っています。

**キーワード**

変容／変身／愛／海／救済／犠牲／崇高／聖なるもの／無制限／変幻自在／天衣無縫／幻想／瞑想／蠱惑／エキゾチック／ミステリアス／シースルー／黎明／白／ターコイズブルー／マリンブルー

# 用語解説

## 星の逆行

　星占いで用いる星々のうち、太陽と月以外の惑星と冥王星は、しばしば「逆行」します。これは、星が実際に軌道を逆走するのではなく、あくまで「地球からそう見える」ということです。

　たとえば同じ方向に向かう特急電車が普通電車を追い抜くとき、相手が後退しているように見えます。「星の逆行」は、この現象に似ています。地球も他の惑星と同様、太陽のまわりをぐるぐる回っています。ゆえに一方がもう一方を追い抜くとき、あるいは太陽の向こう側に回ったときに、相手が「逆走している」ように見えるのです。

　星占いの世界では、星が逆行するとき、その星の担うテーマにおいて停滞や混乱、イレギュラーなことが起こる、と解釈されることが一般的です。ただし、この「イレギュラー」は「不運・望ましくない展開」なのかというと、そうではありません。

　私たちは自分なりの推測や想像に基づいて未来の計画を立て、無意識に期待し、「次に起こること」を待ち受けます。その「待ち受けている」場所に思い通りのボールが飛んでこなかったとき、苛立ちや焦り、不安などを感じます。でも、そのこと自体が「悪いこと」かというと、決してそうではないはずです。なぜなら、人間の推測や想像には、限界があるか

らです。推測通りにならないことと、「不運」はまったく別の
ことです。

　星の逆行時は、私たちの推測や計画と、実際に巡ってくる
未来とが「噛み合いにくい」ときと言えます。ゆえに、現実
に起こる出来事全体が、言わば「ガイド役・導き手」となり
ます。目の前に起こる出来事に導いてもらうような形で先に
進み、いつしか、自分の想像力では辿り着けなかった場所に
「つれていってもらえる」わけです。

　水星の逆行は年に三度ほど、一回につき3週間程度で起こ
ります。金星は約1年半ごと、火星は2年に一度ほど、他の
星は毎年太陽の反対側に回る数ヵ月、それぞれ逆行します。

　たとえば水星逆行時は、以下のようなことが言われます。

　◆ 失せ物が出てくる／この時期なくしたものはあとで出てくる
　◆ 旧友と再会できる
　◆ 交通、コミュニケーションが混乱する
　◆ 予定の変更、物事の停滞、遅延、やり直しが発生する

　これらは「悪いこと」ではなく、無意識に通り過ぎてしま
った場所に忘れ物を取りに行くような、あるいは、トンネル
を通って山の向こうへ出るような動きです。掛け違えたボタ
ンを外してはめ直すようなことができる時間なのです。

## ボイドタイム―月のボイド・オブ・コース

　ボイドタイムとは、正式には「月のボイド・オブ・コース」となります。実は、月以外の星にもボイドはあるのですが、月のボイドタイムは3日に一度という頻度で巡ってくるので、最も親しみやすい（？）時間と言えます。ボイドタイムの定義は「その星が今いる星座を出るまで、他の星とアスペクト（特別な角度）を結ばない時間帯」です。詳しくは占星術の教科書などをあたってみて下さい。

　月のボイドタイムには、一般に、以下のようなことが言われています。

◆ 予定していたことが起こらない／想定外のことが起こる
◆ ボイドタイムに着手したことは無効になる
◆ 期待通りの結果にならない
◆ ここでの心配事はあまり意味がない
◆ 取り越し苦労をしやすい
◆ 衝動買いをしやすい
◆ この時間に占いをしても、無効になる。意味がない

　ボイドをとても嫌う人も少なくないのですが、これらをよく見ると、「悪いことが起こる」時間ではなく、「あまりいろいろ気にしなくてもいい時間」と思えないでしょうか。

とはいえ、たとえば大事な手術や面接、会議などがこの時間帯に重なっていると「予定を変更したほうがいいかな？」という気持ちになる人もいると思います。

　この件では、占い手によっても様々に意見が分かれます。その人の人生観や世界観によって、解釈が変わり得る要素だと思います。

　以下は私の意見なのですが、大事な予定があって、そこにボイドや逆行が重なっていても、私自身はまったく気にしません。

　では、ボイドタイムは何の役に立つのでしょうか。一番役に立つのは「ボイドの終わる時間」です。ボイド終了時間は、星が星座から星座へ、ハウスからハウスへ移動する瞬間です。つまり、ここから新しい時間が始まるのです。

　たとえば、何かうまくいかないことがあったなら、「366日のカレンダー」を見て、ボイドタイムを確認します。もしボイドだったら、ボイド終了後に、物事が好転するかもしれません。待っているものが来るかもしれません。辛い待ち時間や気持ちの落ち込んだ時間は、決して「永遠」ではないのです。

## 月齢について

　本書では月の位置している星座から、自分にとっての「ハウス」を読み取り、毎日の「月のテーマ」を紹介しています。ですが月にはもう一つの「時計」としての機能があります。それは、「満ち欠け」です。

　月は1ヵ月弱のサイクルで満ち欠けを繰り返します。夕方に月がふと目に入るのは、新月から満月へと月が膨らんでいく時間です。満月から新月へと月が欠けていく時間は、月が夜遅くから明け方でないと姿を現さなくなります。

　夕方に月が見える・膨らんでいく時間は「明るい月の時間」で、物事も発展的に成長・拡大していくと考えられています。一方、月がなかなか出てこない・欠けていく時間は「暗い月の時間」で、物事が縮小・凝縮していく時間となります。

　これらのことはもちろん、科学的な裏付けがあるわけではなく、あくまで「古くからの言い伝え」に近いものです。

　新月と満月のサイクルは「時間の死と再生のサイクル」です。このサイクルは、植物が繁茂しては枯れ、種によって子孫を残す、というイメージに重なります。「死」は本当の「死」ではなく、種や球根が一見眠っているように見える、その状態を意味します。

　そんな月の時間のイメージを、図にしてみました。

**【新月】**
種蒔き

芽が出る、新しいことを始める、目標を決める、新品を下ろす、髪を切る、悪癖をやめる、コスメなど、古いものを新しいものに替える

**【上弦】**
成長

勢い良く成長していく、物事を付け加える、増やす、広げる、決定していく、少し一本調子になりがち

**【満月】**
開花、
結実

達成、到達、充実、種の拡散、実を収穫する、人間関係の拡大、ロングスパンでの計画、このタイミングにゴールや〆切りを設定しておく

**【下弦】**
貯蔵、
配分

加工、貯蔵、未来を見越した作業、不要品の処分、故障したものの修理、古物の再利用を考える、蒔くべき種の選別、ダイエット開始、新月の直前、材木を切り出す

**【新月】**
次の
種蒔き

新しい始まり、仕切り直し、軌道修正、過去とは違った選択、変更

## 月のフェーズ

以下、月のフェーズを六つに分けて説明してみます。

### ● 新月　New moon

「スタート」です。時間がリセットされ、新しい時間が始まる！というイメージのタイミングです。この日を境に悩みや迷いから抜け出せる人も多いようです。とはいえ新月の当日は、気持ちが少し不安定になる、という人もいるようです。細い針のような月が姿を現す頃には、フレッシュで爽やかな気持ちになれるはずです。日食は「特別な新月」で、1年に二度ほど起こります。ロングスパンでの「始まり」のときです。

### ◑ 三日月〜◐ 上弦の月　Waxing crescent - First quarter moon

ほっそりした月が半月に向かうに従って、春の草花が生き生きと繁茂するように、物事が勢い良く成長・拡大していきます。大きく育てたいものをどんどん仕込んでいけるときです。

### ◔ 十三夜月〜小望月（こもちづき）　Waxing gibbous moon

少量の水より、大量の水を運ぶときのほうが慎重さを必要とします。それにも似て、この時期は物事が「完成形」に近づき、細かい目配りや粘り強さ、慎重さが必要になるようです。一歩一歩確かめながら、満月というゴールに向かいます。

## ○ 満月　Full moon

新月からおよそ2週間、物事がピークに達するタイミングです。文字通り「満ちる」ときで、「満を持して」実行に移せることもあるでしょう。大事なイベントが満月の日に計画されている、ということもよくあります。意識してそうしたのでなくとも、関係者の予定を繰り合わせたところ、自然と満月前後に物事のゴールが置かれることがあるのです。

月食は「特別な満月」で、半年から1年といったロングスパンでの「到達点」です。長期的なプロセスにおける「折り返し地点」のような出来事が起こりやすいときです。

## ◑ 十六夜の月〜寝待月　Waning gibbous moon

樹木の苗や球根を植えたい時期です。時間をかけて育てていくようなテーマが、ここでスタートさせやすいのです。また、細くなっていく月に擬えて、ダイエットを始めるのにも良い、とも言われます。植物が種をできるだけ広くまき散らそうとするように、人間関係が広がるのもこの時期です。

## ◐ 下弦の月〜 ◑ 二十六夜月　Last quarter - Waning crescent moon

秋から冬に球根が力を蓄えるように、ここでは「成熟」がテーマとなります。物事を手の中にしっかり掌握し、力をためつつ「次」を見据えてゆっくり動くときです。いたずらに物珍しいことに踊らされない、どっしりした姿勢が似合います。

## ◆ 太陽星座早見表 天秤座

（1930〜2025年／日本時間）

太陽が天秤座に滞在する時間帯を下記の表にまとめました。
これより前は乙女座、これより後は蠍座ということになります。

| 生まれた年 | 期間 | 生まれた年 | 期間 |
|---|---|---|---|
| 1930 | 9/24　3:36 ～ 10/24 12:25 | 1954 | 9/23 22:55 ～ 10/24　7:55 |
| 1931 | 9/24　9:23 ～ 10/24 18:15 | 1955 | 9/24　4:41 ～ 10/24 13:42 |
| 1932 | 9/23 15:16 ～ 10/24　0:03 | 1956 | 9/23 10:35 ～ 10/23 19:33 |
| 1933 | 9/23 21:01 ～ 10/24　5:47 | 1957 | 9/23 16:26 ～ 10/24　1:23 |
| 1934 | 9/24　2:45 ～ 10/24 11:35 | 1958 | 9/23 22:09 ～ 10/24　7:10 |
| 1935 | 9/24　8:38 ～ 10/24 17:28 | 1959 | 9/24　4:08 ～ 10/24 13:10 |
| 1936 | 9/23 14:26 ～ 10/23 23:17 | 1960 | 9/23　9:59 ～ 10/23 19:01 |
| 1937 | 9/23 20:13 ～ 10/24　5:06 | 1961 | 9/23 15:42 ～ 10/24　0:46 |
| 1938 | 9/24　2:00 ～ 10/24 10:53 | 1962 | 9/23 21:35 ～ 10/24　6:39 |
| 1939 | 9/24　7:49 ～ 10/24 16:45 | 1963 | 9/24　3:24 ～ 10/24 12:28 |
| 1940 | 9/23 13:46 ～ 10/23 22:38 | 1964 | 9/23　9:17 ～ 10/23 18:20 |
| 1941 | 9/23 19:33 ～ 10/24　4:26 | 1965 | 9/23 15:06 ～ 10/24　0:09 |
| 1942 | 9/24　1:16 ～ 10/24 10:14 | 1966 | 9/23 20:43 ～ 10/24　5:50 |
| 1943 | 9/24　7:12 ～ 10/24 16:07 | 1967 | 9/24　2:38 ～ 10/24 11:43 |
| 1944 | 9/23 13:02 ～ 10/23 21:55 | 1968 | 9/23　8:26 ～ 10/23 17:29 |
| 1945 | 9/23 18:50 ～ 10/24　3:43 | 1969 | 9/23 14:07 ～ 10/23 23:10 |
| 1946 | 9/24　0:41 ～ 10/24　9:34 | 1970 | 9/23 19:59 ～ 10/24　5:03 |
| 1947 | 9/24　6:29 ～ 10/24 15:25 | 1971 | 9/24　1:45 ～ 10/24 10:52 |
| 1948 | 9/24 12:22 ～ 10/23 21:17 | 1972 | 9/24　7:33 ～ 10/24 16:40 |
| 1949 | 9/23 18:06 ～ 10/24　3:02 | 1973 | 9/23 13:21 ～ 10/23 22:29 |
| 1950 | 9/23 23:44 ～ 10/24　8:44 | 1974 | 9/23 18:58 ～ 10/24　4:10 |
| 1951 | 9/24　5:37 ～ 10/24 14:35 | 1975 | 9/24　0:55 ～ 10/24 10:05 |
| 1952 | 9/23 11:24 ～ 10/23 20:21 | 1976 | 9/23　6:48 ～ 10/23 15:57 |
| 1953 | 9/23 17:06 ～ 10/24　2:05 | 1977 | 9/23 12:29 ～ 10/23 21:40 |

| 生まれた年 | 期　　　間 |
|---|---|
| 1978 | 9/23　18:25　～　10/24　3:36 |
| 1979 | 9/24　0:16　～　10/24　9:27 |
| 1980 | 9/23　6:09　～　10/23　15:17 |
| 1981 | 9/23　12:05　～　10/23　21:12 |
| 1982 | 9/23　17:46　～　10/24　2:57 |
| 1983 | 9/23　23:42　～　10/24　8:53 |
| 1984 | 9/23　5:33　～　10/23　14:45 |
| 1985 | 9/23　11:07　～　10/23　20:21 |
| 1986 | 9/23　16:59　～　10/24　2:13 |
| 1987 | 9/23　22:45　～　10/24　8:00 |
| 1988 | 9/23　4:29　～　10/23　13:43 |
| 1989 | 9/23　10:20　～　10/23　19:34 |
| 1990 | 9/23　15:56　～　10/24　1:13 |
| 1991 | 9/23　21:48　～　10/24　7:04 |
| 1992 | 9/23　3:43　～　10/23　12:56 |
| 1993 | 9/23　9:22　～　10/23　18:36 |
| 1994 | 9/23　15:19　～　10/24　0:35 |
| 1995 | 9/23　21:13　～　10/24　6:31 |
| 1996 | 9/23　3:00　～　10/23　12:18 |
| 1997 | 9/23　8:56　～　10/23　18:14 |
| 1998 | 9/23　14:37　～　10/23　23:58 |
| 1999 | 9/23　20:31　～　10/24　5:51 |
| 2000 | 9/23　2:28　～　10/23　11:46 |
| 2001 | 9/23　8:06　～　10/23　17:26 |

| 生まれた年 | 期　　　間 |
|---|---|
| 2002 | 9/23　13:56　～　10/23　23:18 |
| 2003 | 9/23　19:48　～　10/24　5:09 |
| 2004 | 9/23　1:31　～　10/23　10:49 |
| 2005 | 9/23　7:24　～　10/23　16:42 |
| 2006 | 9/23　13:04　～　10/23　22:27 |
| 2007 | 9/23　18:52　～　10/24　4:15 |
| 2008 | 9/23　0:46　～　10/23　10:09 |
| 2009 | 9/23　6:20　～　10/23　15:44 |
| 2010 | 9/23　12:10　～　10/23　21:35 |
| 2011 | 9/23　18:06　～　10/24　3:30 |
| 2012 | 9/22　23:50　～　10/23　9:14 |
| 2013 | 9/23　5:45　～　10/23　15:10 |
| 2014 | 9/23　11:30　～　10/23　20:57 |
| 2015 | 9/23　17:22　～　10/24　2:47 |
| 2016 | 9/22　23:22　～　10/23　8:46 |
| 2017 | 9/23　5:03　～　10/23　14:27 |
| 2018 | 9/23　10:55　～　10/23　20:23 |
| 2019 | 9/23　16:51　～　10/24　2:20 |
| 2020 | 9/22　22:32　～　10/23　8:00 |
| 2021 | 9/23　4:22　～　10/23　13:51 |
| 2022 | 9/23　10:04　～　10/23　19:35 |
| 2023 | 9/23　15:50　～　10/24　1:20 |
| 2024 | 9/22　21:44　～　10/23　7:14 |
| 2025 | 9/23　3:20　～　10/23　12:50 |

# おわりに

　年次版の文庫サイズ『星栞』は、本書でシリーズ5作目となりました。昨年の「スイーツ」をモチーフにした12冊はそのかわいらしさから多くの方に手に取って頂き、とても嬉しかったです。ありがとうございます！

　そして2024年版の表紙イラストは、一見して「何のテーマ？？？」となった方も少なくないかと思うのですが、実は「ペアになっているもの」で揃えてみました（！）。2024年の星の動きの「軸」の一つが、木星の牡牛座から双子座への移動です。双子座と言えば「ペア」なので、双子のようなものやペアでしか使わないようなものを、表紙のモチーフとして頂いたのです。柿崎サラさんに、とてもかわいくスタイリッシュな雰囲気に描いて頂けて、みなさんに手に取って頂くのがとても楽しみです。

　星占いの12星座には「ダブルボディーズ・サイン」と呼ばれる星座があります。すなわち、双子座、乙女座、射手座、魚座です。双子座は双子、魚座は「双魚宮」で2体です。メソポタミア時代の古い星座絵には、乙女座付近に複数の乙女が描かれています。そして、射手座は上半身が人

間、下半身が馬という、別の意味での「ダブルボディ」となっています。「ダブルボディーズ・サイン」は、季節の変わり目を担当する星座です。「三寒四温」のように行きつ戻りつしながら物事が変化していく、その複雑な時間を象徴しているのです。私たちも、様々な「ダブルボディ」を生きているところがあるように思います。職場と家では別の顔を持っていたり、本音と建前が違ったり、過去の自分と今の自分は全く違う価値観を生きていたりします。こうした「違い」を「八方美人」「ブレている」などと否定する向きもありますが、むしろ、色々な自分を生きることこそが、自由な人生、と言えないでしょうか。2024年は「自分」のバリエーションを増やしていくような、それによって心が解放されていくような時間となるのかもしれません。

星栞　2024年の星占い
天秤座

2023年9月30日　第1刷発行

著者　　石井ゆかり

発行人　石原正康
発行元　株式会社 幻冬舎コミックス
　　　　〒151-0051　東京都渋谷区千駄ヶ谷4-9-7
　　　　電話 03-5411-6431（編集）
発売元　株式会社 幻冬舎
　　　　〒151-0051　東京都渋谷区千駄ヶ谷4-9-7
　　　　電話 03-5411-6222（営業）
　　　　振替 00120-8-767643

印刷・製本所：株式会社 光邦
デザイン：竹田麻衣子（Lim）
DTP：株式会社 森の印刷屋、安居大輔（Dデザイン）
STAFF：齋藤至代（幻冬舎コミックス）、
　　　　佐藤映湖・滝澤 航（オーキャン）、三森定史
装画：柿崎サラ